BIBLIOTHEQUE DE CAMPAGNE,

EN XXXII. VOLUMES IN-DOUZE;

CONTENANT un Recueil amusant d'Histoires choisies ; d'Aventures Tragiques & Galantes; de Mémoires interessans ; de Contes moraux & plaisans ; de Romans nouveaux & curieux, de Pieces Philosophiques, politiques & littéraires ; un choix de Poésies Héroiques, Badines, Lyriques & Burlesques, &c. enfin tout ce qu'on a pu rassembler de plus propre à égayer L'ESPRIT ET LE CŒUR.

Tempus videndi, tempus legendi.

TOME NEUVIEME.

A LONDRES, & à PARIS,
Chez CAILLEAU, Imprimeur-Libraire,
rue Saint-Severin, vis-à-vis de l'Église.

M. DCC. LXXIV.

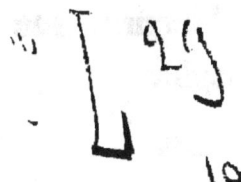

VOYAGE EN FRANCE
DE MONSIEUR LE COMTE DE FALCKENSTEIN,

Par M. ***

O Héros! par le Ciel aux Mortels accordé!
Des véritables Rois exemple auguste & rare!
VOLTAIRE, Œdipe.

Tome Second.

A LONDRES,

Et se trouve à PARIS,

Chez CAILLEAU, Imprimeur-Libraire, rue Saint-Severin, vis-à-vis de l'Eglise.

M. DCC. LXXVIII.

VOYAGE
EN FRANCE
DE MONSIEUR LE COMTE
DE FALCKENSTEIN.

SECONDE PARTIE.

M. le Comte de FALCKENSTEIN quitta le 31 Mai la Capitale qui l'avoit possédé pendant quarante-trois jours, & dont il emporta les regrets, pour continuer son voyage dans l'intérieur de la France, & visiter ses principales Villes, ses Ports & les lieux les plus curieux. Il en partit à six heures du matin, précédé de son mo-

Tome II.   A

deſte équipage, conſiſtant en un Secrétaire, quatre Valets-de-Chambre, un Cuiſinier, quatre Laquais, & un Courier. Il étoit accompagné du Comte de Kobenſel, du Général Comte de Coloredo, du Général Marquis de Belgiozozo, de MM. Prembila ſon Médecin, & Bourgeois, Capitaine de Génie. Il dirigea ſa route vers la Normandie.

Sur le chemin de Paris, à la Capitale de cette Province, on trouve Roſny, qui eſt une Terre dans laquelle il y a un Château appartenant l'un & l'autre autrefois au Duc de Sully qui en portoit le nom. Ils ſont aujourd'hui au Préſident de Senozan. Dans les dépendances de cette Terre, il y a un bois aſſez conſidérable, que le principal Miniſtre de Henri IV vendit dans des tems malheureux pour ſubvenir aux frais de la Guerre, au prix de trente mille livres, ſomme alors conſidérable.

M. le Comte de Falckenstein avoit déjà traversé ce bois, lorsque s'étant informé du lieu où il étoit situé, & ayant appris qu'il l'avoit laissé derrière lui, il revint sur ses pas, pour en connoître l'étendue & la valeur du sacrifice que Sulli avoit fait par amour pour son Roi & pour l'Etat; après quoi notre illustre Voyageur voulut voir le Château, qu'il parcourut. Il apprit avec plaisir qu'on n'en avoit réparé que les dehors, sans rien changer à l'intérieur, par vénération pour la mémoire du digne Ministre qui l'avoit habité & fait ainsi disposer. La Terre & le Château de Rosny ont été considérablement augmentés & embellis depuis le Duc de Sully. Tout ce qui a appartenu à un homme de ce mérite inspire une noble curiosité mêlée de ce respect, dont une grande ame telle que celle de M. le Comte de Falckenstein, ne peut se défendre.

Sur la même route, à quelques lieues de Paris, & à trois quarts de lieue de Mantes, on découvre le Château de Magnenville, dont la beauté frappe de fort loin. Il appartient aujourd'hui à M. de Boulogne Preuninville. M. le Comte de Falckenstein retarda encore sa marche pour le voir. Cet édifice moderne est l'ouvrage de M. Franque, Architecte du Roi. Comme il étoit assez matin, M. le Comte de Falckenstein craignît d'être incommode en le visitant. On imagine bien qu'étant prévenu de son passage, chacun dans cette Maison avoit été matinal & même les Dames. M. le Comte de Falckenstein trouva ce magnifique Château aussi agréable que d'un bon goût, & prit de-là occasion de faire l'éloge des talens de l'Artiste qui en avoit donné le plan & les dessins. C'est dans ce lieu charmant qu'il rencontra le célèbre Jéliote, dont la voix a fait si long-tems les délices & l'admiration de la Capitale. M. le Comte de Falckenstein eut le plaisir de lui entendre chanter quelques airs accompagnés du Clavecin; & Jéliote reçut ce compliment flatteur, qu'à tant de choses curieuses que M. le Comte de Falckenstein avoit vues dans la Capitale, il pourroit en ajouter encore une autre, qui étoit celle de l'avoir entendu chanter.

Le même jour M. le Comte de Falckenstein arriva à Rouen, sur les cinq heures du soir. Il descendit à l'Hôtel de France, situé a-peu-près au centre de la Ville, où on lui avoit préparé un logement, & pour tous ceux de sa suite. Depuis la dernière porte du Port Saint-Ouen à Rouen, la route se trouva couverte d'une multitude considérable de curieux. Le Port étoit alors garni d'environ soixante Navires de différentes grandeurs, dont les mâtures s'élevoient au-dessus d'un Peuple nombreux, qui remplissoit toute l'étendue des Quais jusqu'à la Porte *Grand-Pont*, par laquelle M. le Comte de Falckenstein devoit entrer. Cet empressement que cet illustre Etranger a trouvé dans cette Ville, ainsi que dans toutes celles de son passage, étoit bien naturel, d'après le triomphe d'un genre nouveau qu'il avoit remporté dans la Capitale, dont son séjour fera époque dans l'Histoire des Sciences & des Arts.

L'affluence du Peuple ayant retardé la marche des deux premières calèches qui précédoient celle du Comte de Falckenstein, cette Porte de *Grand-Pont* se trouva tellement embarrassée que notre illustre Voyageur ordonna au Maître de Poste de suivre le long du Port, & de prendre une autre route. M. le Comte de Falckenstein se mit debout dans sa calèche, & arriva ainsi à l'Hôtel de France, où il mit pied à terre dans la rue, au milieu des acclamations générales & des battemens de mains.

Ce spectacle fut d'autant plus beau que M. le Comte de Falckenstein en augmenta l'intérêt par sa modestie & son aversion pour les applaudissemens.

L'intérieur de l'Hôtel se trouva rempli de plus de trois cents personnes, du nombre desquelles étoient le Duc de la Rochefoucault, Colonel du Régiment de la Sarre, en Garnison à Rouen, le Chevalier de Miromenil, les Officiers supérieurs de la Garnison & beaucoup de Dames. Dès son arrivée, M. le Comte de Falckenstein se mit à table. Après son dîner, qui ne le retint pas plus long-tems qu'à son ordinaire, c'est-à-dire, une bonne demi-heure, il passa la rivière de Seine dans un petit bateau pour se rendre au Fauxbourg de Saint-Sever, & visiter les Manufactures du sieur Holcker. Il étoit accompagné des Seigneurs de sa suite, du Duc de la Rochefoucault, & de M. Lecouteulx, Banquier de cette Ville.

Rouen est dans une situation basse & enfoncée, entourée de trois côtés de Montagnes assez élevées & escarpées, sur la rive droite de la Seine, où il y a un Pont de bateaux, & où la marée remonte si haut que des gros vaisseaux y peuvent aborder. Cette Ville est par cette raison une des plus marchandes de la France. Ce qui la distingue particulièrement, & fixe l'attention des curieux, ce sont ses Manufactures, dont les principales sont celles de Cuirs, de Laines, de Toiles, de Draperies & de Velours de coton. Leurs produits se consomment presque tous en France. Il y a encore dans le Fauxbourg de S.-Sever, à la gauche de la Seine, un grand nombre de Manufactures de Fayance, qui sont très-considérables.

M. Holker, prévenu de la visite de M. le Comte de Falckenstein, étoit allé l'attendre à sa Manufacture de Velours de cotton ; située dans ce Fauxbourg. Cette Manufacture a été établie à Rouen, en vertu d'Arrêt du Conseil d'Etat du Roi, en 1752. M. le Comte de Falckenstein demanda à voir en détail toutes les opérations des différenres entreprises du sieur Holker, & commença par celle des Velours de coton, qu'il suivit de point en point. Il entra avec cet Entrepreneur dans tous les détails relatifs à cet objet, tels que la filature, les différens méchanismes pour préparer le coton, la fabrication, les apprêts des étoffes & les teintures. Il eut soin de s'informer d'où l'on tiroit les cotons en laine, & les différentes drogues de teinture, ainsi que du prix & salaire de chaque opération.

Des travaux, M. le Comte de Falckenstein passa au magasin où il examina les marchandises, s'informa des endroits où l'on en faisoit la consommation. Il voulut emporter avec lui une carte d'échantillons des différentes étoffes de cette Manufacture, comme

Velours cannelés, Draps de coton, &c. que le sieur Holker lui remit.

M. le Comte de Falckenstein visita ensuite les Cylindres établis aussi par Arrêt du Conseil, la même année que la Manufacture, & dont l'usage sert à apprêter les différentes étoffes qui se fabriquent dans la Ville & Généralité de Rouen. Il voulut voir les différents objets de fabrication, tant pour la traite des Negres, la consommation du Royaume, que pour celle de l'Etranger. Il desira aussi de savoir à-peu-près la quantité des étoffes qui se fabriquent dans toute la Généralité, & le prix auquel le tout peut monter annuellement, afin de mieux juger de l'avantage qui pouvoit en résulter pour la main-d'œuvre. M. Holker satisfit pleinement aux desirs de cet illustre Etranger, qui ne borna point-là ses questions. Il voulut bien entrer avec le sieur Holker dans le détail des diverses Manufactures établies dans différentes Provinces du Royaume, & lui demanda si les Fabriques qui subsistoient présentement suffisoient pour donner de l'occupation au Peuple, ayant très-bien senti la différence d'un Peuple occupé utilement, à un autre oisif. Il voulut aussi savoir si l'on cherchoit à faire des Etablissemens nouveaux, & quels moyens on pourroit prendre pour y réussir. Enfin il fit remarquer qu'il seroit difficile de former de nouveaux Etablissemens avec avantage dans les Provinces, privées de bons chemins & de canaux pour le transport des marchandises.

Ayant passé après dans les Atteliers des Teintures en bleu que le sieur Holker a aussi établis, il y a environ quinze ans, par Arrêt du Conseil, pour les Fabriquants de la Ville, M. le Comte de Falckenstein marqua son étonnement de la quantité d'indigo, qui s'y consomme journellement, & n'oublia pas de s'informer, soit du prix, soit des qualités de celui qu'on employoit.

M. le Comte de Falckenstein se rendit de ces Atteliers, à la Maison du sieur Holker fils, dans laquelle le sieur Holker pere avoit eu soin de faire monter une machine de Méchanique que son fils, sous l'autotisation du Gouvernement, a établie dans différentes Provinces pour la filature du coton. Cette machine a trente-trois broches ou fuseaux, au lieu que les rouets ordinaires ne contiennent qu'un seul fuseau; d'ailleurs la filature en est beaucoup plus parfaite, lorsque la fileuse en a une fois contracté l'habitude. Elle abrege en outre considérablement la main-d'œuvre, cette machine étant aussi aisée à conduire par une seule fille ou femme qu'un rouet ordinaire. Sa simplicité fit beaucoup de plaisir à M. le Comte.

Notre illustre Etranger ayant ensuite traversé le jardin, entra dans la Manufacture d'huile de vitriol, que le fieur Holker fils a établie en 1768, par Arrêt du Confeil. A cette époque cette fabrication étoit inconnue en France. M. le Comte de Falckenftein en voulut connoître toutes les opérations dans le plus grand détail, & tous les méchanifmes à fon ufage, ainfi que les fourneaux pour la rectification de cette drogue. Il s'informa d'où l'on tiroit les matières premières & de leur prix rendues aux Atteliers, de celui de la main-d'œuvre, & enfin de l'emploi & des lieux de la confommation. Cet Etabliffement, quoique très-fimple en foi, frappa beaucoup M. le Comte de Falckenftein ; il le trouva bien différent d'un Etabliffement qui étoit précédemment à Bruxelles, & fes opérations bien oppofées aux procédés annoncés & décrits par les Auteurs Chymiftes.

Pendant ces différents examens, M. le Comte de Falckenftein ne ceffoit de faire des obfervations relatives à tous ces objers, d'une manière si juste & si claire que le sieur Holker, quoique Inventeur de la plus grande partie, en fut frappé, ainsi que le Duc de la Rochefoucault.

Mais ce qui a excité l'admiration de M. Holker, & ému son ame jusqu'à en être attendri, & touchera toute personne sensible, & ce qui fait plus d'honneur à M. le Comte de Falckenstein que toutes ses lumières & ses connoissances, c'est l'intérêt que cet illustre Etranger montra pour l'Humanité, en faisant observer à M. Holker & à différentes reprises, dans la visite des Atteliers de Velours de coton, que ces Atteliers étoient trop serrés, trop humides & peu aërés ; ce qui pouvoit nuire à la santé des Ouvriers. Il l'exhorta aussi à faire changer la disposition des lumières qui étoient trop rassemblées, & de leur donner une plus grande distance, pour éviter les incendies.

Pendant toutes ces visites, les différentes cours & jardins de cette Manufacture, quoique vastes, se remplissoient tellement de personnes des plus distinguées de la Ville, qui venoient pour admirer M. le Comte de Falckenstein, qu'elles marchoient sur ses pas & le gênoient, tellement qu'il avoit souvent de la peine à passer d'un Attelier à un autre.

Après avoir ainsi satisfait sa curiosité sur les divers objets de cette Manufacture, le Duc de la Rochefoucault proposa à M. le Comte de Falckenstein de sortir par une porte qui donne sur la rue de *Sotteville*, afin de le débarrasser d'une foule considérable qui attendoit son retour dans le jardin & la rue par où il étoit entré; ce qu'il accepta, après avoir témoigné à M. Holker la plus grande satisfaction de toutes ses entreprises, & avoir laissé des marques de sa générosité pour tous les Ouvriers.

Le jour commençoit à baisser lorsque M. le Comte de Falckenstein entra dans les Cazernes du Fauxbourg Saint-Sever, qu'il visita. Il loua la propreté, ainsi que la manière dont le Régiment de la Sarre est entretenu. Il se rendit à huit heures & demie à son Hôtel, après avoir visité différentes choses remarquables de la Ville.

Sur ce que M. Trudaine avoit écrit à M. de Cessart, Ingénieur des Ponts & Chaussées à Rouen, de prendre les ordres de M. le Comte de Fackenstein à son passage dans cette Ville, cet Ingénieur s'étoit présenté à l'Hôtel de l'illustre Etranger, dès son arrivée. M. le Comte de Falckenstein lui avoit donné rendez-vous le même jour à huit heures du soir, auquel l'Ingénieur ne manqua pas de se trouver, pour examiner les projets du Port du Havre, & lui faire connoître le méchanisme du Pont de bateaux de Rouen. M. le Comte de Falckenstein vouloit aller les voir chez l'Ingénieur; ce qu'il auroit fait, si celui-ci n'eût fait apporter promptement les plans & le modèle à l'Hôtel de France.

M. de Cessart informa d'abord M. le Comte de Falckenstein, qu'un accident arrivé à ce dernier Pont depuis trois jours, interrompoit absolument le passage des voitures. M. le Comte de Falckenstein lui demanda si les siennes pourroient passer le lundi 3 Juin, à son retour du Havre. M. de Cessart l'assura qu'il y feroit travailler sans discontinuation, afin que ses voitures pussent passer le lundi sur ce Pont, comme il le desiroit, en prenant cependant certaines précautions, mais que sa personne pourroit passer en bateau. M. le Comte de Falckenstein répondit : *Je ferai tout ce que vous voudrez ; mais j'aimerois mieux passer en voiture, pour répondre à l'activité que vous mettez à cette réparation.*

Cet Ingénieur avoit fait difpofer depuis quelques jours un modèle, de la manière dont fe fait l'ouverture du Pont de bateaux, pour laiffer paffer les navires de l'amont à l'aval du Pont, avec des changemens qu'il projettoit de faire exécuter au premier moment, afin de fimplifier confidérablement cette manœuvre qui s'opère le foir, très-tard, pendant la nuit, ou de grand matin, pour ne pas interrompre le paffage du Public. M. le Comte de Falckenftein examina ce modèle avec la plus grande attention. Il le fit manœuvrer lui-même, & parut très-content de la fimplicité avec laquelle l'opération fe fera par la fuite. Il demanda à l'Ingénieur l'Hiftorique de ce Pont, fon prix, les frais de fon entretien, & quel étoit le fujet de l'accident qui venoit de lui arriver. M. de Ceffart eut l'honneur de le fatisfaire fur toutes ces queftions, & de lui dire fur la dernière, que la modicité des revenus attachés à la conservation de ce Pont, ne permettoit pas de renouveller à neuf chaque bateau avant trente ans ; que les deux qui s'étoient submergés le 27 Mai dernier, avoient cet âge, & n'étoient jamais sortis de leurs places pour être radoubés. M. le Comte de Falckenstein parut surpris de cette réponse, & engagea l'Ingénieur à chercher des moyens de faire sortir les bateaux successivement pour les faire réparer.

Cet illustre Etranger montra ensuite beaucoup d'empressement à voir les plans du Havre. L'appartement étant embarrassé de malles & d'équipages de voyage, M. le Comte de Falckenstein & l'Ingénieur ne trouverent point de place plus commode que le parquet pour les étendre & les examiner en détail, ces plans ayant près de six pieds de longueur. Alors M. le Comte de Falckenstein, toujours curieux de s'instruire, oubliant sa grandeur, & mettant ainsi l'Artiste plus à portée de lui développer ses connoissances, ne fit pas difficulté de mettre ses deux genoux à terre, & de rester dans cette attitude pendant plus d'une demi-heure que dura l'examen des plans.

Après avoir ainsi parcouru la position du Havre, l'entrée de son Port, ses fortifications & sa citadelle, M. le Comte de Falckenstein s'arrêta sur les projets qui venoient d'être présentés à M. Trudaine, pour perfectionner le Port. Il questionna beaucoup l'Ingénieur sur son Commerce, sa situation avantageuse à l'embouchure de la Seine, & particulièrement sur l'avantage considérable pour la navigation, de pouvoir entrer deux heures plus tard dans ce Port que dans aucun de la Manche, & d'en pouvoir aussi sortir deux heures plus tard, au moyen de ce qu'il conserve son plein par le refoulement de la rivière de Seine.

Un des avantages que remarqua M. le Comte de Falckenſtein dans ces projets, c'eſt le moyen que l'on ſe propoſe d'employer pour mettre dans le beſoin quatre cents navires toujours à flots dans les gros tems, en faiſant de l'avant-Port un baſſin, lequel baſſin deviendra auſſi une retenue de vingt mille toiſes cubes d'eau, pour entretenir le chenal à la même profondeur, au moyen des chaſſes.

La formation du môle en terre que l'on ſe propoſe de faire du côté du Midi, pour mettre tout le Port à couvert des vents du Sud, fixa ſon attention, en obſervant que ce môle feroit toujours commandé par les ouvrages de la Citadelle, & qu'il ne produiroit d'ailleurs qu'un très-grand bien à l'avant-Port. Après quoi M. le Comte de Falckenſtein fit des queſtions ſans nombre à M. de Ceſſart ſur les Ponts & Chauſſées. L'entretien dura plus d'une heure. L'Ingénieur ne borna pas son zèle à satisfaire M. le Comte de Falckenstein sur toutes ses demandes ; il offrit de l'accompagner au Havre, pour lui donner les explications qu'il auroit pû desirer. Notre illustre Voyageur l'en dispensa absolument en le remerciant. M. de Cessart le quitta ainsi, après en avoir été comblé d'honnêtetés, & chargé de témoigner de sa part à M. Trudaine, combien il étoit sensible à son attention.

M. le Comte de Falckenstein partit le lendemain Dimanche premier Juin, à six heures du matin, après avoir entendu la Messe aux Carmes, pour se rendre au Havre.

On l'attendoit la veille dans cette Ville. Les chemins du Havre à une demi-lieue étoient couverts de monde. On croyoit le voir arriver à tout moment, lorsqu'enfin les voitures parurent. Tous penserent qu'elles renfermoient la suite de M. le Comte de Falckenſtein qui l'avoit précédé : tous étoient dans l'impatience de voir venir celui qu'elles annonçoient ; mais M. le Comte de Falckenſtein étoit déjà arrivé au Havre, à deux heures après-midi. La troiſieme voiture qui manquoit trompa ainſi le Public. Comme M. le Comte de Falckenſtein étoit dans l'intention de revenir à Rouen, pour aller au Haras du Roi, il avoit laiſſé dans cette dernière Ville un des trois Seigneurs de ſa ſuite, qui étoit d'ailleurs indiſpoſé. Cependant dans la nuit du 1 au 2 Juin, il fit partir un Exprès, avec ordre qu'on ſe rendît au Haras ſans lui.

Les deux voitures arrivées au Havre, M. le Comte de Falckenſtein deſcendit le premier de la ſienne, à la porte de l'Hôtel de l'Aigle d'or, où il devoir loger. Connoiſſant le plan du Havre, qu'il avoit vu à Paris & à Rouen, il prit le chemin de la Tour. Le Sentinelle lui ayant refusé le passage, il fut obligé de se nommer le *Comte de Falckenstein*, alors on le laissa passer. Sur ce qu'il demanda ensuite à un Soldat, s'il y avoit au Régiment, qui est en garnison dans cette Ville, des Soldats Allemands, il se présenta un Sergent de cette Nation, qui l'accompagna à la Tour, d'où il vit la Mer., le Port, &c. M. de Coloredo, s'étant présenté un moment après pour aller aussi à la Tour, fut ob'igé de dire qu'il étoit de la suite de M. le Comte de Falckenstein. Après cette visite M. de Coloredo & l'illustre Voyageur firent le tour du Quai, rempli de bois de construction. M. le Comte de Falckenstein sautoit de poutre en poutre, observant cependant tout.

Ce fut sur le Port qu'il prit le premier venu pour le conduire au Bassin. M. Hubert, Inspecteur des Ponts & Chaussées au Havre, avoit été prévenu de la part de M. Trudaine, de

saisir

saisir le moment de l'arrivée de M. le Comte de Falckenstein, pour prendre ses ordres. Il alla à sa rencontre où le bruit public l'annonçoit déjà. Notre illustre Etranger reconnut l'uniforme des Ponts & Chaussées, & accueillit avec bonté M. Hubert. Il le questionna sur tous les objets qui se présentoient devant lui, à mesure qu'ils marchoient.

M. le Comte de Falckenstein, M. de Coloredo & M. Hubert se trouverent bientôt au Pont tournant, où l'on travailloit. Alors M. le Comte de Falckenstein se rappella tout ce que le sieur de Cessart lui avoit dit la veille concernant la disposition de ce Pont, de quarante pieds d'ouverture, sur lequel les plus pesantes voitures pourront passer sans aucun risque. Il examina les réparations faites à l'Ecluse en 1776, & traversa le Bassin sur le pont provisionnel, que les Ingénieurs avoient établi.

M. Mistral, Commissaire Ordonnateur de la Marine du Roi, au Département du Havre, se présenta à M. le Comte de Falckenstein, accompagné des Officiers de la Marine employés dans ce Port. Le Comte de Beauvoir, Lieutenant de Roi & Commandant au Havre, se rendit aussi au Bassin. On fit venir un Détachement de Grenadiers pour faire ranger le peuple, qui se portoit en foule dans cet endroit. M. le Come de Falckenstein reçut tout ce cortège avec la plus grande affabilité. Les Grenadiers montroient beaucoup de zèle à écarter la foule, & même avec brutalité, comme il leur arrive ordinairement, ainsi qu'à leurs camarades, dans toutes les occasions où le peuple, qui est la portion la plus précieuse de l'Etat, est rassemblé, lorsque le respect & l'amour le portent aux pieds de ses Maîtres, auprès desquels il devroit avoir un libre accès. Cette méthode n'est que trop usitée en France, de troubler ainsi la joie publique par l'appareil des armes, même dans les plus augustes Cérémonies, dans nos Temples & jusqu'à la face des Autels. *Doucement, Messieurs*, dit M. le Comte de Falckenstein aux Grenadiers, *il ne faut pas tant de place pour un homme.*

M. le Comte de Falckenstein ayant apperçu un navire, s'informa d'où il venoit; quel étoit son chargement; quel avoit été le tems de sa traversée; ce qu'il avoit rencontré. Le sieur Caille, Capitaine de ce Navire, nommé la *Jeune Henriette*, s'étant par hasard trouvé sur le Quai, répondit à toutes ces questions par ordre, & ayant dit ensuite à M. le Comte de Falckenstein, que des Vaisseaux de Guerre Anglois l'avoient visité. *Eh! que vous ont-ils faits?* reprit M. le Comte de Falckenstein. — Après avoir vu & examiné mes passeports, ils m'ont laissé aller. Il faut remarquer que pendant cette conversation l'illustre Etranger ayaut obfervé que le Capitaine fe tenoit découvert, l'engagea à mettre fon chapeau fur fa tête, & comme il continuoit de le tenir à la main, M. le Comte de Falckenftein lui dit: *couvrez-vous, ou je vais ôter le mien.* Il vifita enfuite le Baffin & différents Navires. Il entra dans une Fregate du Roi avec l'Ingénieur Conftructeur, s'entretenant avec lui de fon Art, & en parlant favamment. M. le Comte de Falckenftein qui remarqua que la Mer étoit baffe, donna dans cet inftant fes ordres pour s'embarquer le lendemain fur *le paffager d'Honfleur*, & dépêcha à cet effet de fon côté après dîner un Courier à Honfleur, pour faire préparer des chevaux de pofte en pofte, jufqu'à Saint-Malo & de cette Ville à Breft. Il multiplia fes queftions en préfence de tous les Officiers qui l'accompagnoient, fur ce qui avoit rapport à la Marine, examina tout, & fit les plus judicieufes obfervations;

après quoi il rentra dans son Hôtel, vers trois heures & demie, pour dîner, en donnant rendez-vous à tous les Messieurs de son cortège, à six heures du soir.

Pendant son dîner il s'informa de la route la plus courte pour se rendre à Caen. M. Rolland, Inspecteur des Ponts & Chaussées à Honfleur, prévenu du passage de M. le Comte de Falckenstein, & qui se trouvoit dans ce moment au Havre, fut consulté. Il proposa le chemin par la Grève & Dive. Cet Inspecteur se rendit en conséquence à Honfleur, pour faire tout disposer.

A l'heure indiquée, c'est-à-dire six heures, M. le Comte de Falckenstein se transporta avec sa suite, le Lieutenant de Roi & les Officiers de la Marine, sur la jettée du Nord-Ouest, où il vit sortir du Port trois Navires, dont deux Hollandois & un François. Ce dernier étoit prêt à partir pour l'Amérique. L'Armateur en avoit triplé l'équipage au nombre de quarante hommes. Tous prirent leur poste à l'arrivée de M. le Comte de Falckenstein ; les uns monterent aux vergues, les autres aux mâts ; & à un signal convenu, saluerent M. le Comte de Falckenstein de trois *Vive-le-Roi* ; malheureusement le Navire n'avoit point d'artillerie. M. le Comte leur répondit par trois coups de chapeau, ôté & remis avec une inclition de tête à chaque *Vive-le-Roi*, & parut très-satisfait de la manœuvre.

On rapporte qu'étant à la tête de la jettée, & regardant la Mer, il dit à son cortège : *Je ne me lasse pas d'admirer cet Elément, qui rapproche toutes les parties du Globe, & étend si fortement les idées.* Et quelques instans apres : *Ils m'avoient dit à Paris qu'il n'y avoit rien à voir ici. Ils m'avoient bien trompé ; j'ai toujours regardé les quatre principaux Fleuves qui traver-*

fent la France, *comme les nourrices de ce Royaume*; *& malgré mon amour pour les Arts*, *j'aime encore mieux voir de bonnes nourrices que de beaux monumens.*

Les Officiers de la Marine lui expliquerent enfuite les différentes manœuvres néceffaires pour fortir du Port, felon les différents vents, comme celles que les gros tems où les vents forcés obligent de faire, pour entrer & éviter les maffes de galet ou terres d'alluvion que la Mer rapporte. Il vit près de lui une machine que le fieur de Ceffart, Ingénieur des Ponts & Chauffées à Rouen, avoit fait difpofer depuis deux mois pour enlever le galet. Il demanda à M. Hubert des détails fur fon effet, que cet Infpecteur lui expliqua. Il parut content d'apprendre qu'une maffe de trois mille pefant eft enlevée, verfée dans une voiture, & tranfportée à trente toifes en fix minutes de tems.

Le Comte de Beauvoir fit obferver à notre illuftre Etranger quelle étoit la pofition des Anglois lors du bombardement du Havre, & les difpofitions de défenfes que l'on avoit faites du côté de la jettée du Sud, fous le feu de la Citadelle. Alors M. le Comte de Falckenftein fe rappella encore les projets que le fieur de Ceffart lui avoit fait voir la veille à Rouen, & le môle de terre qui pouvoit couvrir les Navires de l'avant-Port, du côté du Sud, & donner le calme dans les trois Baffins projettés. Il fit figne à M. Hubert, & lui dit : *N'eft-ce pas la direction que votre Ingénieur en Chef doit donner au môle, qui fera fubordonné au feu de la Citadelle ?* Cet Infpecteur lui répondit : oui, M. le Comte ; fur quoi M. Tiral, Ingénieur Militaire, s'adreffa à M. le Comte de Falckenftein, en lui difant : M. le Comte, toutes les fois que MM. des Ponts & Chauffées

& nous ferons d'accord, les choses iront parfaitement bien.

Du Port, M. le Comte de Falckenstein se rendit à la Citadelle qu'il visita & observa; mais cet illustre Etranger que l'Humanité caractérise, fit plus attention aux logemens des soldats, qu'il ne trouva pas sains, parce qu'ils manquoient d'air, qu'aux arsenaux, canons, magasins & fortifications. En sortant il prit congé du Commandant, lui tendit la main & le remercia, en lui disant: qu'il alloit se livrer à la Marine. Le Commissaire Ordonnateur l'accompagna à la Manufacture de Tabac, dont il loua l'ordre. Il visita ses différents Magasins, & entra dans tous les détails concernant cette Ferme, en présence d'un Fermier Général chargé de ce Département, venu par hasard au Havre, qui le reçut avec tout l'appareil pompeux de la Finance, & dont l'extérieur magnifique faisoit le plus parfait contraste avec la simplicité de celui de l'illustre Etranger.

M. le Comte de Falckenstein retourna ensuite au Bassin, examina les Chantiers de construction, accompagné de l'Ingénieur Gignoux avec lequel il voulut être seul dans le Cabinet secret des modèles de construction. L'Ordonnateur défendit d'y laisser entrer personne. M. le Comte de Falckenstein s'entretint ainsi quelque tems avec l'Ingénieur; mais la Garde de la Marine s'étant laissée gagner par les instances du Colonel, des Officiers du Régiment & autres, le Cabinet fut bientôt plein. Alors M. le Comte de Falckenstein dit à l'Ordonnateur: *Vous m'aviez promis, Monsieur, que nous serions seuls: allons nous-en, tout est vu.*

Après avoir parcouru le Port, les Chantiers, les Fortifications de la Place, & la Citadelle, M. le Comte de Falckenstein, se résumant sur tout ce qu'il avoit vu, dit au Commandant, qui étoit venu le joindre, qu'il seroit bien à souhaiter que la Ville fût plus vaste, & l'enceinte des Fortifications plus étendue; que la situation du Havre lui paroissoit être des plus favorables pour le Commerce en grand.

Il se promena ensuite dans les rues avec le Commandant de la Place & tout le cortège de la Marine. Une affluence de curieux bordoit les maisons. L'illustre Voyageur jettoit ses regards à droite & à gauche, & saluoit avec affabilité devant les endroits où il voyoit compagnie honnête. Toute la Ville jouit ainsi de la facilité de le voir; & ce ne fut qu'à huit heures qu'il se déroba à son admiration pour se rendre à son Hôtel, quoique l'entrée en fût encore libre à toutes personnes jusqu'à dix, à laquelle heure chacun se retira. On avoit posé le matin une Garde de Grenadiers à la porte de l'Hôtel, mais M. le Comte de Falckenſtein avoit exigé qu'on la renvoyât. On en mit ſeulement une pendant la nuit.

M. Staniſlas Foache, Négociant du Havre très-eſtimé, ayant eu ordre de M. de la Borde, ancien Banquier de la Cour, de compter des fonds à M. le Comte de Falckenſtein, ſe préſenta à cet illuſtre Etranger après ſon dîner, avec quatre mille louis, dont il ne diſpoſa pas. Ce Négociant éclairé eut l'honneur de s'entretenir plus d'une demi-heure avec lui ſur le Commerce du Havre, ſur ſes liaiſons avec l'Allemagne & les autres Royaumes, & ſatisfit de ſon mieux à toutes les queſtions relatives à ſa profeſſion, que lui fit M. le Comte de Falckenſtein. On rapporte que M. Miſtral, Commiſſaire Ordonnateur, converſant avec lui avant ſon dîner ſur l'empreſſement du Peuple à le voir, pour lui montrer ſon reſpect envers ſa Perſonne, M. le Comte de Falckenſtein lui dit ces paroles mémorables : *Le François est le peuple du Monde le plus excellent par son amour pour ses Maîtres. Je le connois bien-là. Il a encore une qualité qui lui est particuliere, c'est de s'en prendre aux Ministres du bien que le Roi ne peut pas toujours lui faire.*

Le lendemain 2 Juin à cinq heures du matin, M. le Comte de Falckenstein s'embarqua sur le passager d'Honfleur, pour se rendre dans cette Ville. Ceux qui l'avoient accompagné la veille le suivirent jusqu'au Bateau. Plus de quatre cens personnes notables, que la curiosité de le voir encore, avoit éveillé de très-grand matin, s'étoient rendues sur le Quai. Après avoir pris congé de tout le monde, M. le Comte de Falckenstein descendit les marches de la jettée avec la plus grande légereté, fut reçu dans le paquebot, & donna après, lui-même, la main aux deux Seigneurs de sa suite, qui seuls l'accompagnerent à Honfleur. Il fit aussi embarquer avec lui ses équipages & son lit.

M. le Comte de Falckenstein supporta le passage du Havre à Honfleur sans aucune indisposition. Les vents furent favorables, & l'Elément respecta la Puissance qu'il portoit pour la premiere fois. Il fut très-gai dans la traversée, & s'amusa même beaucoup avec le Pilote, nommé *Buquet*.

M. Rolland, Inspecteur des Ponts & Chaussées, dont j'ai parlé plus haut, se trouva au débarquement à Honfleur. M. le Comte de Falckenstein desira de voir sur le champ le Port, qu'il parcourut promptement avec lui. L'on fit manœuvrer en sa présence l'écluse & le Pont tournant. Il fut très-satisfait des nouveaux ouvrages de ce Port, dont il admira la solidité.

Il entra ensuite dans l'Auberge du Cheval blanc, d'où il vit débarquer ses équipages. Il fit l'éloge de l'adresse avec laquelle *Leroux*, Maître du pasfager qui le porta, les mit à terre, & ordonna qu'on le récompensât généreusement. Il manda son Pilote. Cet homme pénétré de respect, se présenta tout tremblant, prêt à mettre un genou en terre. M. le Comte de Falckenstein le fit relever avec bonté, lui dit de se couvrir, & le remercia de l'avoir bien conduit. Il ajouta qu'il étoit très-content de lui, & qu'il étoit le premier à qui il se fût ainsi confié, prit son nom par écrit, & lui ayant fait donner quinze louis, lui ordonna de descendre à l'office, de se faire donner du vin & de boire à sa santé.

M. le Comte de Falckenstein refusa à Honfleur, ainsi que dans les autres Villes, toute espèce d'honneur. Quatre Officiers de Côte avoient pris chacun un fusil avec bayonnette pour l'escorter. Il les renvoya honnêtement, en leur disant : *Messieurs, point de bayonnettes ; elles me font peur.*

M. Quilliet, Juge d'Honfleur, étant venu en robe pour le complimenter. *Ah! Monsieur*, lui dit-il, *des complimens! Je n'en reçois jamais : de grace, dispensez m'en : je vous en sçais tout autant de gré.*

Honfleur est une Ville située sur la rive gauche de la Seine, près de son embouchure dans l'Océan. On ne remarque rien dans cette petite Ville qui soit digne d'exciter la curiosité, si ce n'est la Porte de Caen, qui est du côté du Port. Elle a un bastion & deux tours, dont l'une est ronde & l'autre quarrée. M. le Comte de Falckenstein ne resta qu'environ quatre heures dans cette Ville. Il en partit sur les dix heures du matin, sans avoir encore ni bu ni mangé. M. Rolland lui rendit compte à son départ des dispositions qu'il avoit fait faire pour assurer son passage par la Grève. Tout avoit été préparé pendant la nuit. Il avoit fait placer des guides pour diriger les Poſtillons dans le gué de la rivière de Trouville. Cet Inſpecteur lui demanda la permiſſion de l'accompagner au-delà du gué. M. le Comte de Falckenſtein lui fit mille remercîmens, & lui dit que puiſqu'il n'y avoit point de danger pour tout le monde, il n'y en avoit pas plus pour lui.

Au paſſage de la Grève, le Poſtillon de la voiture de M. le Comte de Falckenſtein s'apperçut qu'il s'étoit détaché un fer à un de ſes chevaux. Dans l'embarras de ne pouvoir aller plus avant ſans danger, & de trouver dans un lieu iſolé un Maréchal, pour remédier à l'accident qui étoit arrivé, ſe préſente une femme portant un nourriſſon dans ſes bras. M. le Comte de Falckenſtein lui propoſe d'aller faire venir de l'endroit le plus voiſin, un Maréchal. Cette femme, qui ne connoiſſoit pas notre illuſtre Voyageur, s'excuſe d'abord ſur la difficulté de porter fes pas avec affez de diligence à une certaine diftance, étant chargée de fon enfant, qu'elle ne pouvoit pas quitter. M. le Comte de Falckenftein lui offre de le garder dans fa voiture, de le careffer, & même de l'appaifer, s'il le falloit. La femme court appeller un Maréchal. Elle arrive bientôt avec lui. Mais celui-ci, voyant ce dont il s'agit, murmure qu'on l'ait mandé de fi loin pour une befogne d'un fi modique prix. M. le Comte de Falckenftein l'engage néanmoins à la faire promptement, & lui dit de ne pas s'embarraffer de fon falaire, qu'il ne doit évaluer que quand il l'aura reçu. Le cheval ferré, M. le Comte de Falckenftein met lui-même un louis entre les mains du mercenaire, en l'exhortant à ne jamais refufer de venir toutes les fois qu'il fera dorénavant appellé, d'abord pour l'utilité publique, & ne pas laiffer dans la peine un voyageur, sur-tout étranger, qui pourroit avoir besoin de son ministère; en second lieu, parce qu'il ne peut savoir souvent avec qui il aura affaire. Notre illustre Voyageur avoit déjà rendu à la femme son enfant, après l'avoir faite récompenser de son message, en lui disant, que le nourrisson avoit été fort doux, & que dans le cas qu'il eût crié ou pleuré, il auroit fait cesser ses cris & ses larmes par le moyen de quelques bonbons; il ajouta qu'elle lui en trouveroit même sur lui. Mais quelle fut la surprise de notre villageoise, lorsque la curiosité l'eût portée à voir si l'Etranger disoit vrai, de trouver une autre espèce de bonbons ! C'étoient dix louis d'or. Il n'étoit déjà plus tems de témoigner la plus vive reconnoissance envers un Bienfaiteur inconnu, qu'elle avoit vu disparoître avec la plus grande célérité.

M. le Comte de Falckenstein arriva

le même jour fort tard à Caen. Le Commandant du Havre avoit expédié promptement la veille un Courrier au Duc d'Harcourt, Gouverneur de la Province, pour le prévenir de l'arrivée de cet illustre Etranger. En conséquence on avoit fait des préparatifs dans cette Ville pour le recevoir. M. le Comte de Falckenstein en fut instruit avant d'y arriver, & exigea que la Maréchauffée, qui étoit venue au-devant de lui, s'arrêta, pour lui donner le tems de se rendre à la Poste voisine, & qu'on ne s'apperçut pas de son arrivée. C'est ainsi qu'il évita tout cérémonial, & se déroba au trop vif empressement de cette grande Ville, qui est la seconde de la Normandie, & eût mérité d'arrêter sa marche. Il se vit forcé d'aller coucher ce jour-la au Village de Villiers, situé à quatre lieues de Caen. Très-certainement les habitans de ce

Hameau ne s'attendoient pas à recevoir un pareil honneur. Cette circonstance fit faire à M. le Comte de Falckenstein un très-mauvais repas; mais la vie frugale, qui est pour lui une habitude, ne lui offre rien d'austere, & lorsque la nécessité l'exige, il s'en fait encore plus volontiers une loi. Il eut même beaucoup de peine à se procurer de la paille d'avoine fraîche, pour renouveller celle de sa paillasse.

Le lendemain 3, il continua sa route, & arriva à Dol en Bretagne, vers les dix heures & demie du soir, où il descendit à l'Auberge de la Poste. Cette petite Ville n'offre rien de remarquable. Elle est la seule qui compose le Diocèse de son Evêque. Le lendemain, dès cinq heures du matin, les habitans avoient environné la porte de l'Auberge où il logeoit. La comparaison qu'on fit au moment qu'il vint à paroître, (*) de son air de po-

---
(*) Voyez la Gazette de France, N°. 48.

pularité avec fa grandeur réelle, excita une admiration générale.

M. le Comte de Falckenftein refufa toutes vifites dans cette Ville, & cependant eut l'attention de fe promener dans l'Auberge, de manière à être vu d'un grand nombre de perfonnes. Se trouvant à portée de s'entretenir de différents objets relatifs à la Ville avec deux Commis au Devoir, qu'il avoit d'abord pris pour des Gentilhommes du canton, il exigea expreffément qu'ils fuffent couverts, & parut curieux de conférer avec eux fur les troubles arrivés précédemment en Bretagne ; mais comme ces particuliers lui dirent qu'il ne leur avoit pas convenu de prendre connoiffance de ces diffenfions, il n'infifta pas à leur demander des détails à ce fujet. Vers les neuf heures il partit de Dol, fans s'être même promené dans la Ville, & fe remit en marche pour Saint-Malo, où il fut bientôt rendu.

M. le Comte de Falckenstein desira de visiter cette Ville & la Place. Son Port est grand & des plus fréquenté ; mais cependant d'un très-difficile accès, à cause des rochers qui le bordent. Il reste presqu'à sec quand la marée est retirée, ce qui facilite de construire & de radouber les Bâtimens. Saint-Malo est défendu par un Château placé à l'entrée de la Chauffée. Il y a plusieurs Forts situés sur les rochers voisins du Château, dont les plus considérables sont ceux de Serembre, de la Couchée, le Fort Royal, le petit Bay, le grand Bay & l'Isle à Rebours, le Fort du Cap, Roteneuf & le Château de Latte.

M. le Comte de Falckenstein alla loger dans cette Ville, chez le nommé Gaigneur, Traiteur. Il ne voulut accepter aucun des divers logemens qui lui furent offerts, tant par l'Evêque que par plusieurs Négocians & Armateurs de cette Ville. Après avoir pris quelques momens de repos, il fe mit à table pour dîner, & demanda enfuite une perfonne pour l'accompagner dans la vifite de la Place. Il fit d'abord le tour des murs formant l'enceinte de la Ville, & en même-tems celui des Fortifications, examinant tous les environs avec la plus grande attention.

Les Officiers du Château le conduifirent fur la Batterie de la Hollande, d'où ils lui firent obferver les différents Forts voifins de ce Château. Il fixa particulièrement fon attention fur les couleuvrines de la Hollande, qu'il regarda comme devant porter le boulet très-loin.

Il remit au lendemain 5 la vifite de Château-neuf, diftant de deux lieues de la Ville. M. le Comte de Falckenftein s'y tranfporta dans une voiture du Pays, avec le Lieutenant de Roi & l'Ingénieur en Chef des Fortifications, pour voir les travaux du Fort

Fort que l'on y construit. Il les examina attentivement, ainsi que les dispositions du local. Il fit à ce sujet plusieurs observations & questions, auxquelles ceux qui l'accompagnoient ne répondirent pas pertinemment; ce qui ne doit point paroître étonnant, parce que ce Fort ne peut pas être d'une grande utilité. De ce Fort, on conduisit M. le Comte de Falckenstein à la Citadelle de Saint-Servan. Après l'avoir visitée, il desira de s'embarquer pour traverser le bras de Mer qui sépare le Fauxbourg de Saint-Servan de la Ville, & retourner à Saint-Malo. Il refusa de se servir du bateau qu'on lui avoit préparé à cet effet, & fit la traversée dans un bateau ordinaire. En revenant il se promena une seconde fois autour des murs & examina le Port.

M. le Comte de Falckenstein se proposant de continuer le même jour sa route pour Brest, envoya à Dinard ses voitures, sur le Bac qu'on avoit fait venir du Port de Jouvante, où lefdites voitures n'avoient pu fe rendre par le défaut de la route ci-devant ouverte, applanie & enfuite abandonnée, quoiqu'elle fût très-avantageufe au Service du Roi, & au Commerce de Saint-Malo.

Rendu à fon Auberge, dont il occupoit le premier étage, M. le Comte de Falckenftein apperçut des femmes de Négocians de la Ville, qui alloient faire vifite au fieur Rofe, Négociant & Marin, arrivé depuis peu de l'Inde & logé avec fa famille au fecond étage de la même maifon. M. le Comte de Falckenftein donna la main à ces Dames pour monter l'efcalier, entra lui-même chez le Marin, qu'il trouva travaillant, en bonnet de nuit & en robe de chambre. Il ne permit pas qu'il fe dérangeât, & s'entretint très-long-tems avec lui fur le Commerce de l'Inde. On affure que M. Rofe lui laiffa différents Mémoires fur ce Commerce, que M. le Comte de Falckenstein l'engagea de signer, afin de ne pas oublier de qui il les tenoit.

Comme M. le Comte de Falckenstein témoigna ensuite le desir de prendre des connoissances sur le Commerce de Saint-Malo, le sieur Rose fit venir un Négociant de cette Ville, appellé M. de Saint-Marc, auprès de M. le Comte de Falckenstein. Ce Négociant, très-instruit dans cette partie, répondit à toutes les questions que cet illustre Etranger daigna lui faire, & lui donna tous les détails & tous les éclaircissemens qu'il demandoit sur le Commerce de cette Ville.

Saint-Malo est une Ville du Royaume où se fait le plus grand Commerce en toile. Les Malouins font en outre un commerce considérable en Terre neuve, pour la pêche des molues vertes & sêches, qui se fait au Chapeau rouge & au petit Nord. Il y a ordinairement quinze ou vingt Vaisseaux, du port de cent à trois cents tonneaux, qui portent avec eux du sel pour leur pêche, & des vivres pour la subsistance des équipages. Ces Vaisseaux partent en Février pour revenir en Novembre, & déchargent leurs marchandises, soit à Bordeaux, soit à Bayonne ou Bilbao, & non à Saint-Malo, où ils font leur débit, & font leur retour dans cette dernière Ville en vins, eaux-de-vie, pruneaux & résine.

La pêche du petit Nord emploie jusqu'à cinquante Navires. Le poisson de cette Côte n'est propre qu'à l'Espagne, l'Italie & la Provence. C'est aussi en ces lieux que les Bâtimens qui l'ont faite vont se décharger, & ils en rapportent des fruits, des savons, de la soude, de l'huile & de l'alun.

Une particularité de la Ville de Saint-Malo, c'est que lorsque les portes en sont fermées, on lâche un certain nombre de dogues, pour garder les dehors de la Ville pendant la nuit.

Après avoir vu embarquer ses équipages, & récompensé les Nautonniers & le Capitaine du Port qui présidoit à l'embarquement, & avoir témoigné à son Hôte combien il étoit content de lui, en lui faisant compter cinquante louis de gratification, M. le Comte de Falckenstein s'embarqua le même jour sur le canot de M. Dubos Magon, qui étoit pavoisé & préparé à cet effet, pour se rendre à Dinard. A son arrivée dans ce lieu, deux jeunes Négocians étrangers, qui avoient précédé son départ de Saint-Malo, se préfenterent sur le bord de la rive & lui demanderent en Langue Allemande la permission de lui offrir leurs bras pour l'aider à descendre. M. le Comte de Falckenstein les accepta avec le témoignage d'une vraie reconnoissance. Il écouta ces Négocians avec bonté,

C iij

& leur répondit qu'il leur permettoit de lui écrire à Vienne, lorsqu'il y seroit de retour.

M. le Comte de Falckenstein monta ensuite dans sa voiture pour se rendre au relais de Malignon. Comme il se rencontre sur cette route un trajet de Mer nommé *le Guildon*, & que la Mer n'étoit pas suffisamment retirée pour y faire passer les équipages, M. le Comte de Falckenstein fut obligé d'attendre quelque tems pour avoir un passage commode. Il ne tarda pas cependant d'arriver à Lamballe; un Citoyen de Saint-Brieux, natif de l'Autriche, prévenu de son arrivée, s'y étoit rendu, pour lui rendre ses hommages, & solliciter une grace en faveur d'un de ses frères, employé au Service de Sa Majesté Impériale, en qualité de Lieutenant dans un Régiment. M. le Comte de Falckenstein s'étant arrêté au relais, cet Allemand perça la foule qui l'environnoit, & s'approcha de lui pour lui faire sa demande. M. le Comte de Falkenstein l'écouta avec la plus grande douceur & affabilité, lui fit diverses questions auxquelles ce jeune homme répondit. M. le Comte lui promit de se souvenir de lui, & lui permit même de lui écrire directement à Vienne sur ce sujet.

Ce même jour de l'Octave de la Fête-Dieu, M. le Comte de Falckenstein continuant sa marche, s'arrêta au Bourg d'Iffiniac pour dîner. Il descendit dans ce lieu, à son ordinaire, dans une Hôtellerie. S'étant apperçu, avant d'y entrer, que la rue étoit tendue de draps de lit, il demanda à son Postillon quel étoit le motif de cette cérémonie. Le Postillon lui répondit que c'étoit pour la Procession du Saint-Sacrement qu'on alloit faire. Alors il lui recommanda de venir l'avertir à l'Auberge, sitôt que la Procession paroîtroit ; ce que celui-ci fit au milieu du repas de M. le Comte de Falckenstein, qui quitta avec empressement la table pour se mettre à genoux sur le seuil de la porte de la rue, où il resta jusqu'à ce qu'il eût perdu de vue le Saint-Sacrement. Il continua ensuite un mauvais repas, qu'il termina par un petit plat de lait ; repas qu'il paya le centuple de sa valeur, à laquelle il ajouta le témoignage de son contentement. M. le Comte de Falckenstein remonta après dans sa voiture, & arriva le même jour à Saint-Brieux, qui est une petite Ville de la Bretagne. Il refusa d'entrer dans la Ville, & d'accepter l'hospitalité que lui offrit l'Evêque. Il lui fit dire qu'il se proposoit d'aller plus loin. Il aima mieux faire ailleurs un mauvais repas, & être logé peut-être incommodément dans une Auberge, où il ne s'arrête que des rouliers, afin d'avoir par-là occasion de faire du bien aux bonnes gens qui le reçurent & pour fuir tout cérémonial. Il en agit ainsi autant par modestie que par bonté.

Il avoit fait arrêter sa voiture sur le Pont de Gonedic, où une foule tumultueuse attendoit son passage. Il examina ce Pont en disant : *Voilà un Pont bien considérable pour un si petit ruisseau.* Ce Pont est en effet du plus grand ridicule. Le jugement de M. le Comte de Falckenstein sur la forme de ce Pont, qui est à trois arches de trente-six pieds d'ouverture & d'environ cinquante à cinquante-cinq pieds de hauteur sous clef, & dont une seule arche de neuf pieds d'ouverture suffiroit pour faire passer l'eau du ruisseau dans les plus grandes eaux, fait bien connoître que cet illustre Etranger a des connoissances en tout genre.

M. le Comte de Falckenstein continua ensuite sa route, & arriva à

Guincamp sur les dix heures du soir. Il descendit dans cette Ville à l'Hôtel du Cheval blanc, dont il trouva la cour & les chambres même remplies de la Noblesse, des Bourgeois & du Peuple. Ce concours prodigieux déplut à M. le Comte de Falckenstein; aussi chargea-t-il l'Exemt de la Maréchaussée qui l'accompagnoit avec ses Cavaliers, de faire sortir toutes les personnes qui étoient sur l'escalier, & interceptoient le passage. Du nombre de celles qui se trouverent sur le pallier, étoit un Avocat de Rennes nommé Bigot, jeune homme plein d'esprit. M. le Comte de Falckenstein lui demanda ce qu'il vouloit. Celui-ci lui ayant répondu, qu'étant Voyageur & logé dans cette Auberge, il venoit lui offrir la clef de sa chambre pour les personnes de sa suite, dans le cas que les appartemens qu'il avoit fait arrêter ne fussent pas suffisants. Cet Avocat qualifioit pendant cette conversation, M. le Comte de Falckenstein de Prince. Notre illustre Etranger lui répondit qu'il ne le connoissoit pas, & que l'on avoit coutume de dire toujours trop de mal ou trop de bien des Princes. Il lui demanda ensuite son état, & s'entretint avec lui sur l'idiôme du Pays, & les Loix qui gouvernent la Bretagne. M. le Comte de Falckenstein montra durant cet entretien de profondes connoissances, & assaisonna ses paroles de la plus grande affabilité. Il remercia l'Avocat de ses offres, en lui disant qu'il ne vouloit pas l'incommoder.

M. le Comte de Falckenstein ayant apperçu dans ce moment un homme qui les avoit écouté, lui demanda s'il étoit de la maison. Celui-ci lui ayant répondu qu'il en étoit le Perruquier, M. le Comte lui repliqua s'il avoit voyagé; & ayant appris qu'il avoit été

C vj

à Nantes, à Bordeaux & à Paris, il dit avec enthousiasme : *c'est une belle ville que Paris.* Il fit ensuite diverses questions à ce Perruquier, telles que celles-ci : s'il étoit marié, s'il avoit des enfans, s'il étoit à son aise. Il s'imforma après de lui s'il y avoit quelque chose de curieux à voir dans la Ville, sur ce que le Perruquier lui répondit que non, M. le Comte de Falckenstein dit : *je puis donc partir à trois heures.* Il lui demanda encore si l'on ne commençoit pas à Guincamp, qui est l'entrée de la basse-Bretagne, à parler bas-Breton, le Perruquier lui ayant répondu qu'oui, il lui fit parler cet idiôme avec le garçon d'écurie, qui étoit monté pour lui apporter l'avoine de sa paillasse. Pendant que ces deux hommes parloient bas-Breton, M. le Comte de Falckenstein prêta beaucoup d'attention à leur jargon, dont l'idiôme parut lui faire plaisir. Il les fit même commencer plusieurs fois, & se sépara d'eux en leur disant : *je sçais six langues, bientôt une septieme que j'aime beaucoup.*

Deux jeunes Gentilshommes de cette Ville, désirant le voir à leur aise, se proposerent de se déguiser en domestiques, & de venir lui offrir ce dont il auroit besoin de l'Auberge pour son souper ; l'un deux, pour mieux cacher son jeu, se mit en veste & s'affubla d'un tablier de cuisine. Il entra ainsi dans l'appartement de M. le Comte de Falckenstein, & lui apporta un verre d'eau, qui est tout ce qu'il prit pour son souper. Le maintien & l'ajustement de ce jeune homme fixerent bientôt l'attention de M. le Comte de Falckenstein, qui peu de tems après demanda à la servante de l'Auberge si celui qui venoit de sortir étoit de la maison, en ajoutant : *voilà un domestique bien tourné.* Cette fille ne put lui dissimuler l'envie que ces Messieurs avoient eu de le voir, & qui les avoient engagé à se déguiser. Ces

Gentilshommes reparurent auſſi-tôt; M. le Comte de Falckenſtein fut alors confirmé dans l'idée que c'étoient deux curieux : leurs boucles en pierreries aidèrent à le lui perſuader. Il leur dit avec douceur : *Meſſieurs, êtes vous d'en-haut ou d'en-bas de cette maiſon ?* Mais ils furent tellement confus, qu'ils gardèrent le ſilence. M. le Comte de Falckenſtein leur repliqua : *ne vous confondez pas avec mes gens*; & alors ils ſe retirerent. Cette petite ſcène fit du bruit dans la Ville & divertit beaucoup les Habitans, aux dépens des deux Gentilshommes, principalement les dames.

M. le Comte de Falckenſtein avoit eu l'attention avant cette aventure de faire monter l'Hôte, de lui demander ce qu'il avoit pour le ſouper des perſonnes de ſa ſuite. Sur ce que celui-ci lui répondit qu'il n'avoit que des légumes, *cela ne ſuffit pas*, repliqua-t-il; *je veux que mes gens ſoient bien nourris*; il ſe coucha à onze heures, & avoit choiſi à cet effet la chambre la plus simplement meublée, ayant réservé aux Seigneurs de sa suite celles qui paroissoient les plus propres.

Cette aversion pour le luxe est sans doute bien louable : elle est un caractère de plus que cet Illustre étranger a de conforme avec Pierre-le-Grand. Ce Monarque avoit choisi son logement à Paris, à l'Hôtel des Ballets, situé dans la rue Saint-Antoine. On avoit décoré ses appartemens des meubles de la Couronne & d'un superbe lit; mais ce Prince en le voyant, trouva cet ameublement trop somptueux pour lui, & n'en voulut point disposer. Il fit dresser un lit dans la garde-robe voisine, qui ne pouvoit servir de gîte qu'à un simple domestique. Ce fut là qu'il goûta, pendant son séjour dans la Capitale, un repos plus doux & plus tranquile que sur le duvet & au milieu des plus riches brocards.

La Noblesse, les dames & les personnes notables de Guincamp ayant appris que M. le Comte de Falckenstein devoit partir le lendemain à trois heures du matin, avoient exécuté le deſſein de veiller toute la nuit pour le voir partir. Tous s'étoient rendus dans la cour de l'Auberge à l'heure de ſon lever. Notre Illuſtre Etranger ayant été prévenu à ſon réveil, qu'un grand nombre de perſonnes qui deſiroient le voir, étoient déjà dans l'Hôtel, & même des dames élégamment parées, ce dont il s'apperçut de ſa fenêtre, & ſachant enſuite par l'Exempt de la Maréchauſſée que c'étoit la Nobleſſe du pays, dit à ſon valet de chambre; *mettez-moi donc de la poudre.*

Après avoir pris une taſſe de chocolat à l'eau, il deſcendit, & traverſa la cour le chapeau à la main, au milieu d'une foule de curieux, pour joindre ſa voiture, qui en étoit dehors. Il dit aux dames, qu'il ſalua, qu'elles s'étoient levées de grand matin. Une d'elles lui répondit qu'elles avoient veillé toute la nuit, afin de ſe procurer la ſatisfaction de le voir. M. le Comte la remercia par un salut gracieux ; & adressant la parole aux Messieurs, dit qu'il partoit à l'heure du bon soldat : il ajouta en montrant les dames : *le jour sera bien beau, car voilà une belle aurore.*

M. le Comte de Falckenstein employa trois heures pour se rendre de Guincamp à Belle-Isle, qui n'en est éloignée que de quatre lieues, & fit la majeure partie du chemin à pied. Le Seigneur qui l'accompagnoit dans sa voiture, dessinoit tout ce qui lui paroissoit intéressant sur son passage, & demandoit au Postillon le nom de tous les Châteaux & Bourgs qui s'offroient à sa vue.

A son arrivée à Belle-Isle, où M. le Comte de Falckenstein ne s'arrêta que le tems suffisant pour changer de chevaux, un Aubergiste du lieu lui présenta une tasse de chocolat à l'eau, ayant appris, dit-il, que M. le Comte l'aimoit. Il remercia l'Aubergiste, qui ignorant qu'il en avoit déjà pris, infista à le lui offrir, tellement que M. le Comte de Falckenstein le goûta par complaifance ; mais étant fenfible à l'attention de celui qui le lui avoit préparé, il l'en fit généreufement récompenfer.

Il paffa le même jour à Morlaix, où il defcendit à l'Hôtel Bourbon, vis-à-vis du Port. Il fe rendit aux defirs de tous les Habitans de cette petite Ville, empreffés de le voir, en les faifant jouir librement de cette fatisfaction. Il s'informa s'il y avoit dans ce lieu quelque chofe de curieux. Sur ce qu'on lui dit que la Manufacture de Tabac étoit digne de fixer fon attention, il demanda fi elle étoit différente de celle du Havre, & de plufieurs autres qu'il avoit vues. Ayant appris que non, il continua fa route pour Breft.

Il arriva le même jour 6 à trois heures après-midi dans cette Ville. Comme d'abord il ne fut pas connu, on lui demanda son nom entre les deux portes, & on le pria de signer sur le regiſtre, ainſi que cela ſe pratique dans cette Ville pour tous les Etrangers. M. le Comte de Falckenſtein répondit qu'il ne ſavoit pas ſigner. Alors ceux de ſa ſuite ſignerent. Il alla deſcendre, à ſon ordinaire, à une Auberge tenue par le ſieur Aimé. Le Commandant de la Marine, inſtruit de ſon arrivée, alla auſſitôt lui faire viſite, mais il ne fut pas reçu. M. le Comte de Falckenſtein dîna & paſſa le reſte de la journée dans ſon appartement. Un Seigneur de ſa ſuite voulut dans l'après-dîner aller viſiter le Port; mais le Suiſſe de la porte du Baſſin lui en refuſa l'entrée, comme à un Etranger, conformément aux Ordonnances du Roi.

Breſt eſt une des plus importantes Villes de Royaume. M. le Comte de Falckenſtein y ſéjourna environ ſix jours pour viſiter tout ce que cette Place renferme d'intéreſſant. Son Port eſt un des plus beaux & des meilleurs de la France. Il eſt ſitué dans une grande Baye. On y voit un Château ſur un rocher eſcarpé du côté de la Mer. La Ville eſt nouvellement bâtie, & n'eſt pas plus ancienne que le Port. Elle eſt diviſée en deux parties par un bras de Mer. Ce ne fut qu'en 1631 que le Cardinal de Richelieu ordonna d'y conſtruire un magaſin, & qu'il forma le deſſein d'y faire un Port conſidérable. Il n'y avoit à cette époque aucun établiſſement ni magaſin dans ce lieu, qui commença à ſe peupler, non-ſeulement de gens de Mer, mais encore de différents Marchands & autres, au lieu qu'auparavant on n'y voyoit que quelques Pêcheurs & Bateliers.

Le lendemain, à huit heures du matin, M. le Comte de Falckenſtein, accompagné du Commandant, de l'Intendant de la Marine, de plusieurs autres Officiers de ce Corps & de ceux de l'Artillerie & du Génie, alla visiter le Port, le Château de Brest & les fortifications de la Ville. L'entrée du Port est défendue du côté du Château par une grosse Tour garnie de canons de gros calibre. Le Port est revêtu de deux forts beaux Quais, & entouré de magasins renfermants tout ce qui est nécessaire aux armemens. La rade est magnifique, & pourroit contenir cinq cents Vaisseaux de Guerre; mais l'entrée en est difficile, à cause des rochers cachés sous l'eau. Elle est d'ailleurs fort étroite. Cette rade forme une grande Baye qui a deux enfoncemens, l'un vers l'Est, & l'autre vers l'Est Nord-Est.

Le premier Vaisseau que M. le Comte de Falckenstein vit dans le Port, ce fut le *Conquérant*, qui étoit en radoub dans le bassin de ce Port. M.

le Comte de Falckenstein se rendit ensuite au Magasin général, qu'il visita ainsi que la Poulierie. M. Houdar, Maître de cet Attelier, lui présenta une petite boîte renfermant des modèles de poulies, & autres différentes pièces propres à l'armement & à l'équipement des Vaisseaux, qu'il voulut bien accepter. De-là il se transporta à la voilerie, à la garniture, aux corderies & aux hangards du moulin à poudre, où il vit tous les bois de construction.

Un de ses premiers soins avoit été de visiter l'Académie Royale de Marine, établie dans cette Ville le 30 Juillet 1752, dont le but est de perfectionner cette Science si nécessaire dans un Etat. Cet Etablissement est sous la direction du Secrétaire d'Etat au Département de la Marine. M. le Comte de Falckenstein fit les plus grands éloges de cette institution, en présence de différents Membres de cette Académie, & accepta en les quittant, un jetton qu'ils eurent l'honneur de lui préfenter. Cette Académie eft compofée de ce que le Corps de la Marine renferme de plus diftingué, foit par le grade, foit par fes lumières & de quelques autres Savans. Mais il me femble qu'on y a pour ainfi dire donné l'exclufion à des Citoyens verfés dans la Science de la Marine, & de tout ce qui en dépend, & dont les connoiffances dans cette matière tourneroient à la gloire du Corps & de l'Etat. Leur admiffion dans cette Compagnie feroit une récompenfe & un encouragement au génie. La naiffance, les honneurs, la réputation même ne donnent pas toujours à plufieurs la Science requife pour parvenir au but qu'on fe propofe. Le génie eft fouvent confondu & caché dans la foule. Il faut l'y chercher, parce qu'il paroît fouvent fous les dehors de la fimplicité. M. le Comte de Falckenftein examina tous les mo dèles des Vaisseaux & des machines du Port, qui sont déposés dans la Salle de l'Académie, dont il parut satisfait & sur lesquels il fit diverses questions.

L'après-midi de ce même jour il passa à *Recouvrance*, dans le grand canot du Port, pour aller voir la Salle de construction & les Bassins. Il vit chauffer dans ces derniers une Fregate. Au sortir des Bassins il entra aux Forges aux ancres, où il vit le premier bras de l'ancre, qui avoit été encollée devant M^{s.} le Comte d'Artois, Frère du Roi, le mois précédent, lors de son séjour dans cette Ville. Des Forges aux ancres, M. le Comte de Falckenstein passa aux Salles de construction, qu'il parcourut d'un bout à l'autre. Il alla visiter ensuite l'Attelier de la Peinture & celui de la Mâture, où il vit assembler un mât & billarder un autre. M. Barbé, Chef de cet Attelier, lui fit voir un modèle

modèle de mâts d'assemblage de vingt-deux pièces. L'illustre Etranger fit l'éloge de cette machine, sur laquelle il développa les plus grandes connoissances. Il vit après la Fregate *la Sybille*, qui étoit sur les chantiers & dont M. Sanné, Constructeur, dirige les travaux.

M. le Comte de Falckenstein avoit à-peu-près satisfait sa curiosité sur tous les objets dignes de fixer son attention, lorsque s'appercevant que le nombre des spectateurs augmentoit, il dit à M. de Coloredo : *retirons-nous, l'armée grossit.*

Le 7 au matin, M. le Comte de Falckenstein vit abattre un Vaisseau, (*le Sphinx*) encarené. Il regarda cette opération avec la plus scrupuleuse attention, examinant sur-tout la force que font les poulies & les cordages appliqués au bout des mâts, & passés dans les caliornes du ponton viré au cabestan par les Galériens. Cette manœuvre, qui parut si fort l'intéresser, étant finie, il temoigna le desir de voir *la Bretagne*, Vaisseau de cent pièces de canons, & *le Saint-Esprit*, de quatre-vingt, qui réunit à l'avantage d'une force supérieure toute la finesse & la légereté d'une Frégate. Ce Vaisseau a été construit par le sieur Olivier, qui n'est pas le premier de ce nom qui ait rendu des services à la Marine.

M. le Comte de Falckenstein retourna dans cette matinée aux Forges aux ancres, où il étoit allé la veille. Comme M. Simon, Maître des Forges du Roi, avoit été prévenu cette fois de sa visite, cet Artiste disposa toutes choses, de manière à étonner la curiosité de M. le Comte de Falckenstein, en faisant procéder sous ses yeux à une opération très-difficile, & qui demande beaucoup de célérité dans l'exécution. On encolla le second bras de l'ancre, qui avoit déjà servi pour l'opération faite devant M^r le Comte d'Artois. Cette seconde manœuvre est bien différente, & à beaucoup d'égards plus intéressante. Elle eut le plus grand succès, & ne dura que huit minutes. Le Maître des Forges & les Forgerons virent avec le plus grand plaisir l'extrême surprise de M. le Comte de Falckenstein, & combien il fut satisfait qu'on eût fait en si peu de tems l'assemblage d'une ancre de cinq mille cent quatre-vingt livres. Il avoit apporté la plus grande attention à ce procédé, dans l'examen duquel il ne voulut pas être distrait par la présence des Etrangers & même des Dames. Quelqu'un lui ayant fait appercevoir, à l'instant qu'on alloit commencer l'opération, deux Dames que la curiosité de le voir avoient attiré dans ce lieu, & qui s'étoient assises sur un soufflet couvert de poussiere, M. le Comte de Falckenstein

D ij

témoigna qu'il auroit defiré de n'avoir pas fi bonne compagnie.

Il quitta les Forges en remerciant le Maître & les Forgerons, & les louant du zèle ardent qu'ils avoient montré dans l'exécution du travail fait devant lui. Il faut rendre juftice à ces Forgerons. Jamais ils ne montrerent plus d'activité, plus d'ardeur & plus d'émulation. Il fembloit que Vulcain les excitoit. Ils s'écrioient dans l'ardeur de leur travail : il faut faire voir aujourd'hui que l'Allemagne n'eft pas le feul Pays où il y ait des Forges & de bons Forgerons.

Le même jour après dîner M. le Comte de Falckenftein vifita la Salle d'Armes, qui eft très-belle. Il parcourut enfuite toute la riviere, couverte de vaiffeaux, dont le coup-d'œil offre un fpectacle, auquel il n'y a rien de comparable.

Le lendemain il vifita la baterie

Royale & le fer à Cheval. On fit faire sous ses yeux l'exercice du canon aux apprentifs Canoniers. Il se rendit aussi à l'Ecole de la Bombe, où l'on fit devant lui différentes épreuves. Ce qui surprit singulierement, & ce qui prouve l'étendue de ses connoissances, c'est que lui-même ayant appointé la bombe & y ayant fait mettre le feu, cette bombe donna dans le blanc.

Il n'est rien d'intéressant dans cette Ville qu'il n'ait visité. Il vit la Place d'Armes de la Marine, visita les Casernes qui sont superbes & le Champ de Bataille. On fit mettre devant lui les Troupes sous les armes. Celles de terre firent l'exercice sous ses yeux : enfin on n'oublia rien dans cette Ville pour l'intéresser ; rien aussi n'échappa à ses regards. Il assista à une représentation de Comédie dans la Salle de Spectacles qu'il trouva jolie. Il se fit conduire une fois à bord d'un vaisseau (*le Robuste*) de 74 pièces de canon, que l'on mettoit en rade, afin d'en connoître la diſtribution & le voir manœuvrer; on en tira le canon. Les différentes manœuvres qu'on y fit pour virer de bord, lui cauſerent un extrême plaiſir, après leſquelles il convint de bonne-foi qu'il manieroit bien mieux un fuſil qu'un vaiſſeau.

Il viſita les Hangards des Bois & la Braſſerie, ſitués à l'anſe du Moulin à Poudre. Il alla voir les Formes de Pontanion, qui parurent lui faire le plus grand plaiſir. C'eſt un chef-d'œuvre de l'art. Deux de ces Formes ſont accolées; elles ont été conſtruites par M. Choquet de Lindu, Ingénieur en Chef de la Marine. La couverture de la troiſième de ces Formes étonna beaucoup M. le Comte de Palckenſtein, qui donna le plus grands éloges à M. de Lindu ſur la hardieſſe de cet ouvrage. Il deſcendit au fond de cale du vaiſſeau l'*Orient* qui étoit dans une de ces Formes.

Delà il passa à l'attelier de la Menuiserie, où on lui fit voir un vaisseau de 12 pieds de long tout grué. Il se fit expliquer le nom de toutes les manœuvres. Il montra sur tous ces objets les plus grandes connoissances, telles qu'il avoit déjà fait voir dans la Salle de l'Académie, sur le jeu & le frottement des Machines. Il alla voir sur la riviere de Penfeld les Moulins à Scie & les Martinets.

Il avoit vu, le lendemain de son arrivée, qui étoit un Dimanche, défiler la Garde de terre, après quoi il étoit allé à la Messe au petit Couvent, qui fut célébrée par l'Evêque de Léon.

Le 10, il avoit passé en revue le Corps Royal de la Marine, & ensuite visité l'Hôpital de la Marine.

Le 11, il alla à bord du *Bizarre*, qui courut plusieurs bordées & manœuvres avec la plus grande légèreté dans la rade. Il visita aussi les nouvelles fortifications que le Marquis de Langeron fait construire, pour couvrir Brest du côté du Conquet. Il les trouva très-bien disposées : elles ne sont éloignées que d'une lieue, & consistent en quatre Forts & une redoute.

Il visita encore les quatre Salles du Bagne, où sont les Forçats. Il monta même aux greniers, qui servent maintenant d'hôpital, depuis l'incendie du dernier hôpital du Roi. Il trouva les Forçats malades mieux soignés qu'à l'Hôtel-Dieu, où tout, dit-il, ne respiroit que l'horreur & la misere de l'humanité.

Un Forçat qui le vit sortir se jetta à ses pieds & lui demanda sa grâce. M. le Comte de Falckenstein lui répondit qu'il étoit au désespoir de ne pouvoir la lui faire obtenir, qu'il avoit laissé tous ses pouvoirs à Vienne, mais qu'il se ressouviendroit de lui, quand il seroit rentré dans ses droits. Ceux au contraire qui étoient à la double chaîne, s'étant mis à genoux devant lui, & l'Aumônier lui ayant demandé de s'intéresser pour eux, M. le Comte de Falckenstein se contenta de lui répondre que sans doute ils avoient mérité ce traitement.

Notre Illustre Etranger ne vit personne en particulier dans cette Ville & ne mangea qu'à l'Auberge. Il recompensa généreusement tous ceux qu'il avoit employés à son service, & principalement les Canotiers qui furent occupés pour lui. Il partit de Brest le 12, à quatre heures du matin.

Il passa ce même jour à Quimper, vers une heure & demie après-midi. Il n'entra pas dans cette ville, & prit le chemin qui se trouve en dehors sur le fossé, vers Chasteaulin & communique à la route de Rosporden. Cela n'empêcha pas les Habitans de Quimper de se porter en foule sur son passage. Une femme vint lui offrir de se rafraîchir, en lui disant qu'on le connoiſſoit bien, & qu'il étoit M. l'Empereur. M. le Comte de Falckenſtein la remercia, & ne voulut rien accepter, parce quil avoit déjà pris cette précaution. Les Écoliers qui étoient auſſi du nombre des curieux, avec leur Principal, 'lui demanderent de leur faire avoir un congé ; mais M. le Comte de Falckenſtein ne voulut pas ſe rendre à leurs deſirs.

Ce fut à cet endroit, c'eſt-à-dire, ſur le foſſé de la Ville, qu'il ſe paſſa une petite diſcuſſion très-amuſante entre M. le Comte de Falckenſtein & le Poſtillon qui l'avoit conduit depuis Chaſteaulin. Le Poſtillon demandoit cent ſols ; M. le Comte de Falckenſtein inſiſta pendant quelque tems à ne lui vouloir donner que cinq francs, que le Poſtillon refuſoit de prendre. Cette ſcène divertit en effet beaucoup M. le Comte de Falckenſtein, & ne finit qu'après qu'on eut enfin fait entendre avec beaucoup de peine au Poſtillon, que cent ſols & cinq francs étoient la même choſe. M. le Comte partit enſuite pour ſe rendre à Quimperlay, après avoir pris quelques informations ſur la Ville de Quimper.

Arrivé à Quimperlay, il viſita les travaux du Port. On lui expliqua qu'on devoit ouvrir une nouvelle traverſée en dehors de la Ville, avec un Pont, pour paſſer la rivière. Ce projet parut mériter ſon approbation. Après quoi il continua ſa route pour l'Orient, où il arriva le même jour à huit heures du ſoir. Cette petite Ville eſt ſituée au fond de la Baye du Port Louis, à l'embouchure de la rivière de Ponerot. C'eſt au Port de cette Ville que la Compagnie des Indes feſait ſes armemens. Cette Compagnie avoit été établie ſous Louis XIV, par Edit de l'an 1664. Ce Prince, dont le Miniſtre protégeoit ſingulièrement le Commerce, accorda à cette Compagnie, par Lettres patentes du mois de Juin 1666, la permiſſion de faire au Port Louis ſon établiſſement, & d'y former auſſi des Chantiers pour la conſtruction de ſes Vaiſſeaux. Il lui donna toutes les Places ſituées le long des rivières de Henebond & de Pontſcorfs, ainſi que l'Iſle de Madagaſcar ou de Saint-Laurent, avec les Iſles circonvoiſines, Forts & Habitations qui pouvoient y avoir été conſtruits. Il accorda les plus beaux priviléges à cette Compagnie, pour l'encouragement du Commerce.

En conſéquence de toutes ces conceſſions & privilèges, la Compagnie feſoit excluſivement le Commerce des Indes Orientales. Elle avoit des Troupes & des Vaiſſeaux à ſes ordres. Ceux-ci partoient du Port de l'Orient chargés de nos productions, & rapportoient en échange à ce même Port les marchandiſes des Indes. Son Commerce a fleuri pendant près d'un ſiècle; mais en 1768 le déſaſtre de la Compagnie éclata. Elle ceffa fes paiemens, & fa ruine entraîna celle d'une infinité de particuliers. Le feu Roi fupprima cette Compagnie, & fe chargea de la liquidation de fes dettes. Des Commiffaires de Sa Majefté, placés dans les comptoirs de la Compagnie auxquels on a confié le foin de faire le recouvrement des fonds appartenants à la Compagnie, doivent les verfer dans une caiffe générale placée à Paris. Cette Compagnie avoit un Bureau général dans cette Ville, fitué à l'Hôtel qui porte encore fon nom. C'eft dans une Salle de cet Hôtel que fe trouve la Bourfe des Négocians de la Capitale.

La Compagnie des Indes poffédoit le Port & la Place de l'Orient en toute propriété & Seigneurie, conformément au titre de conceffion, & fans aucun droit ni devoir, autres que la feule foi & hommage, à chaque mutation du Roi; mais par l'Edit de Suppreſſion de la Compagnie, Sa Majeſté jouit de cette Place au même titre que les autres du Royaume.

Depuis la ſuppreſſion de la Compagnie, le Commerce des Indes eſt devenu libre. Cependant le Roi s'eſt réſervé le droit de permettre aux particuliers les armemens dans les Indes. Le nombre des permiſſions n'eſt pas limité. Les Vaiſſeaux, pour cette partie du monde, partent de tous les Ports du Royaume ; mais ils ſont obligés à leur retour de venir débarquer leurs marchandiſes à celui de l'Orient, où l'on acquitte les droits, dont les ſommes ſont deſtinées à la liquidation des dettes de la Compagnie. La vente de ces marchandiſes ſe fait dans la ſeule Ville de l'Orient, une fois l'année. Cette vente dure environ ſix mois.

Quant à la Ville de l'Orient, elle ne fut bâtie qu'environ l'an 1720. Les rues en ſont bien percées, bien alignées & bien pavées ; M. le Comte de Falckenstein alla loger dans cette Ville, à l'enseigne de l'Epée Royale, rue de Bretagne. Dès son arrivée, M. Schmaltz, Négociant, qui étoit chargé de lui compter toutes les sommes dont il pourroit avoir besoin, vint le visiter à cet effet. M. le Comte de Falckenstein ne disposa pas de ses offres, & lui dit qu'il n'avoit pas besoin d'argent pour le moment, & ne comptoit en prendre qu'à Bordeaux. Il fit à ce Négociant plusieurs questions sur le Commerce de l'Inde, auxquelles M. Schmaltz répondit d'une manière à paroître satisfaire notre illustre Etranger.

Le lendemain 13, à huit heures du matin, le Maire de la Ville (M. Esnoul de Châtelet) & les Officiers du Port vinrent offrir leurs hommages à M. le Comte de Falckenstein & lui rendre leurs devoirs, ainsi que cela se pratique à l'égard de tous les Etrangers de distinction qui arrivent dans cette Ville. Ils en furent accueillis avec la plus grande affabilité. Le Maire ne pouvant répondre aux informations que M. le Comte de Falckenstein desiroit de prendre sur le Commerce de l'Inde, & particuliérement sur celui de Bengale, lui présenta M. Gourlade, Négociant très-versé dans cette partie, & qui ayant demeuré long-tems au Bengale, ainsi qu'à Pondichery & à la Côte de Coromandel, étoit en état de répondre avec autant d'exactitude que de précision aux questions qu'on pourroit lui faire à ce sujet. Ce Négociant s'en acquitta aussi fort bien, & M. le Comte de Falckenstein en parut très-satisfait. Il est à remarquer que M. Gourlade est le Facteur des anciens Directeurs de la Compagnie des Indes, & reçoit lui seul presque toutes les

Toileries, Mouffelines, & autres marchandifes qui viennent de l'Inde.

M. le Comte de Falckenftein fe rendit enfuite au Port, qu'il vifita. Ce Port eft petit, & contient peu de Bâtimens, à caufe du flux & reflux de la mer. Il defira de voir auffi les Magafins, fitués fur le Quai, que la Compagnie des Indes avoit fait conftruire, mais un peu plus tard que la Ville, deftinés à renfermer les marchandifes de l'Inde. Ces Magafins fervent encore aujourd'hui au même ufage. M. le Comte de Falckenftein les trouva fort beaux. Ils font en effet les mieux conftruits & les plus commodes de l'Europe, & font le feul ornement de cette petite Ville, très-fréquentée par une multitude de Marchands & Négocians de toutes les parties du Royaume, lors de la vente des marchandifes de l'Inde, qui eft le feul tems où elle offre quelques agrémens.

M. Gourlade fit obferver à M. le

Comte de Falckenſtein la grande quantité & la valeur immenſe des Toileries renfermées dans les Magaſins de ſa direction. M. le Comte de Falckenſtein lui demanda ce que ces Marchandiſes, ainſi renfermées, pouvoient produire. M. Gourlade répondit que leur produit dépendoit des circonſtances. A quoi M. le Comte de Falckenſtein repliqua : *cela mange beaucoup*, feſant entendre que le change ou intérêt de ces fonds qu'on ne retiroit point, étoit conſidérable. Il entra enſuite dans les Magaſins de thé de différentes qualités, qu'il voulut connoître. Il ne dédaigna même pas de voir le thé qui étoit pourri & avarié, quoique mis à part. Mais ce qui le ſurprit davantage, ce fut qu'on lui montra pluſieurs caiſſes de thé & de nankins reſtitués par les Chinois. Il s'écria : *comment ! ces gens-là reſtituent !* Il eſt à remarquer que les Chinois ne ſe font aucun ſcrupule de frauder & de voler, autant qu'il leur eſt poſſible, les Négociants qui traitent avec eux. Ils envoient souvent des caisses de thé, qu'ils annoncent être de la premiere qualité, & se trouve très-inférieure. Il en est de même de leurs envois de pièces de nankins, dont la quantité mentionnée dans chaque caisse se trouve rarement complette. Mais dans ces cas les Garde - Magasins & Préposés aux vérifications & au *bénéficiemens* des marchandises, rapportent des procès - verbaux, qui sont envoyés aux Subrecargues François résidants à Canton, sur lesquels on restitue le *déficit* de chaque caisse. M. le Comte de Falckenstein trouva cette formalité & cette précaution admirables.

Pendant que M. le Comte de Falckenstein visitoit le Chantier de construction, le sieur Guignace, Capitaine du Port, perora beaucoup pour lui prouver que la construction Françoise l'emportoit fur l'Angloife, à quoi M. le Comte de Falckenftein répondit qu'il croyoit très-volontiers tout ce qu'il lui difoit fur cet objet, mais à condition qu'il conviendroit auffi que fi l'on vouloit en France de bons Officiers de Marine, il falloit les prendre en Angleterre. Cette réplique demeura fans réponfe de la part de l'Officier.

Après avoir paru fatisfait de ce qu'il avoit vu, tant dans la Ville qu'au Port, notre illuftre Etranger s'embarqua vers les onze heures fur un Caroffe d'eau, le même qui avoit fervi à M$^{gr.}$ le Comte d'Artois pendant fon féjour à l'Orient, pour aller au Port Louis éloigné d'une lieue de la Ville. Ce Port communique à celui de la Ville, & pour arriver dans ce dernier, il faut entrer dans l'autre. Les Vaiffeaux d'ailleurs mouillent encore à différentes rades qui font fûres.

M. le Comte de Falckenftein examina

les Vaisseaux qui mouilloient dans ce Port. Il visita ensuite la Citadelle dans laquelle il ne s'arrêta pas longtems. Mais ce qui parut beaucoup intéresser sa curiosité, ce fut la Salpétriere qu'il trouva fort belle. Il s'entretint avec M. Nadal, qui est le Chef de cet Etablissement, entra avec lui sur cet objet dans les plus grands détails, & lui fit diverses questions, auxquelles ce particulier eut l'honneur de répondre. M. le Comte de Falckenstein lui dit entr'autres choses, qu'il y avoit à Vienne un Chirurgien habile, à qui il avoit donné la permission d'exécuter un projet, dont il étoit l'Auteur, de faire du salpêtre avec du sel & de la terre, & que pour en faciliter l'exécution & l'encourager à perfectionner sa découverte, il lui avoit accordé une forte récompense.

M. le Comte de Falckenstein revint après à son Canot, pour retourner à la Ville. La marée baissoit, & le Canot ou Carosse d'eau étoit largué du rivage, pour ne pas rester échoué à sec. Comme il étoit en bottes, il n'attendit pas que l'on mît une planche, & fit quelques pas dans l'eau pour arriver au Canot. Les Officiers du Port & tous ceux de la suite de M. le Comte de Falckenstein, se virent comme forcés de faire la même chose & l'imiterent. Mais ils eurent le désagrément d'être mouillés jusqu'à mi-jambe, parce qu'ils n'étoient pas bottés. Ce petit trait sert à prouver de quelle force peut être sur les esprits l'exemple des Grands.

M. le Comte de Falckenstein alla mettre pied à terre à l'endroit du Port où il s'étoit embarqué, & vint de-là dîner à son Auberge. Vers les quatre heures après-midi, il se rembarqua sur le même Carosse d'eau avec ses équipages, pour se rendre à terre à l'autre bord de la Rivière. Il ne voulut pas accepter à cet effet le Canot qu'on lui avoit destiné pour sa Personne, disant qu'il avoit coutume de suivre sa voiture. Il y monta dans cet endroit, & partit ainsi de l'Orient pour se rendre à Vannes, en emportant avec lui les regrets de tous les Habitans de cette premiere Ville, & après leur avoir donné des preuves de sa munificence.

M. le Comte de Falckenstein arriva le même jour sur les huit heures du soir à Vannes, qui est une petite Ville située au bord de la Mer, où il alla loger à l'Auberge du Lion d'or. Il en partit le lendemain dès quatre heures du matin, sans avoir vu la Ville, ni reçu aucune visite & même parlé à aucun Habitant, si l'on n'en excepte un Jacobin, qui se trouva sur son passage, à qui il fit plusieurs questions, entr'autres celle sur la rareté du bois à brûler dans le Pays. Ce Jacobin lui assura qu'avant l'ouverture des grands chemins, le bois étoit bien plus commun; ce que M. le Comte de Falckenstein ne voulut pas croire avec raison. Le propos de ce Moine ne servit qu'à faire connoître son ridicule préjugé.

Le Canal de cette Ville, de quatre à cinq cents toises de longueur, formant un Port de petits Bâtimens, mérite cependant d'être vu, sur-tout à cause de la belle promenade qui le borde. La Cathédrale est aussi un objet de curiosité ; mais le mauvais pavé qui rend cette Ville inabordable, prévient si peu en sa faveur, qu'un Voyageur est toujours empressé de la quitter.

M. le Comte de Falckenstein arriva à huit heures du matin au passage de la Roche-Bernard, où le Commandant du Port de l'Orient lui avoir fait préparer un bateau, qu'il ne voulut pas accepter, disant que celui à l'usage du Public pouvoit aussi lui servir. Il arriva à Nantes le même jour sur le soir.

Il ne s'y rendit point par Rennes. Un seul Seigneur de sa suite, qui se trouvoit indisposé, passa par cette derniere Ville.

Cette circonstance donna lieu à un quiproquo assez plaisant. Ce Seigneur & les personnes qui l'accompagnoient, descendirent à Rennes à l'Auberge *des trois Avocats*, près de la Place Sainte-Anne, où ceux de l'une des deux voitures, qui composoient son train, ayant pris le devant, avoient commandé le dîner pour douze personnes. Ceux qui occupoient la derniere voiture étant arrivés, on les conduisit dans la chambre où le couvert étoit mis. Mais l'un d'eux, décoré du cordon d'un ordre étranger, ordonna qu'on mit une table de deux couverts dans la pièce où il étoit, au lieu de celle de douze; ce qui fut exécuté dans le moment; il aida même à cette opération : on dressa alors dans une autre pièce une table de dix couverts. La décoration de ce Seigneur, l'Empire qu'il fembloit avoir fur les perfonnes de fa fuite, en impoferent à tout le monde ; on le prit pour M. le Comte de Falckenftein. Chacun s'y trompa : le Comte de Goyon, Maréchal des Camps & Armées du Roi, Commandant de la Place, ainfi que le Prevôt, le Lieutenant, l'Exempt, & les Cavaliers des deux Brigades, qui avoient été préfents à l'arrivée de la derniere voiture, pour honorer l'entrée de celui qu'on prenoit pour M. le Comte de Falckenftein, donnerent dans la même erreur & ne purent fe diffuader que cette même perfonne ne fût M. le Comte, tellement que quoique ce Seigneur put dire pour convaincre du contraire, & affurer que les honneurs qu'on lui rendoit ne lui étoient pas dûs, le Commandant fit garder la porte de la chambre où il étoit par deux Officiers de Maréchauffée. Il refta lui-même, par réferve, dans une pièce voifine, jufqu'au moment du départ, & demeura toujours dans la perfuafion d'avoir vu & parlé à M. le Comte de Falckenftein.

Ce Seigneur ayant demandé s'il n'y avoit pas de meilleur vin à Rennes que celui de l'Auberge, qui n'a pas grand renom, on envoya chez Jolivet, Marchand de vin, qui en fit apporter plufieurs bouteilles. Ce Marchand les accompagna lui-même par curiofité, & afin de fe procurer le plaifir & l'honneur de parler à M. le Comte de Falchenftein : mais la gloire dont il crut s'être couvert s'éclipfa bientôt, & fes idées, ainfi que celle de bien d'autres perfonnes, s'évanouirent comme un fonge, quand on apprit que le véritable Comte de Falckenftein avoit pris la route de Saint-Malo pour fe rendre à Nantes.

Nantes eft une des principales Villes du Royaume : elle eft très-ancienne. Jules-Céfar dans fes Commentaires parle avec éloge de cette Ville, qui a quèlque chofe de commun avec les trois plus célebres Villes de l'Univers, Athènes, Rome & Paris, d'avoir un Navire pour armoiries. Elle eft très-heureufement fituée pour le Commerce, n'étant éloignée de la mer que d'une journée; mais les gros vaiffeaux font obligés de décharger leurs marchandifes à Pimbœuf, fur des vaiffeaux plus légers qui les portent à Nantes, parce que le lit de la Loire ne les porte plus, à caufe de plufieurs bancs de fable qui fe trouvent dans cet endroit.

M. le Comte de Falckenftein paffa une partie du lendemain 15, qui étoit Dimanche, à vifiter ce que cette Ville riche & peuplée offre d'intéreffant. M. de Montaudouin de Nantes, d'une famille diftinguée depuis long-tems dans le commerce, & lui-même très-verfé dans cette fcience, ainfi que dans plufieurs autres encore plus relevées, conduifit le Comte de Falckenftein dans tous les endroits qu'il jugea dignes d'intéreſſer ſa curioſité. M. le Comte de Falckenſtein ſe rendit avec lui à l'Egliſe des Carmes, où l'on rematque un tombeau en marbre noir & blanc, ouvrage de Michel - Colomb, qui paſſe pour un excellent morceau, & mérite d'être comparé à tout ce que la ſculputure offre de plus achevé ; dans des tems où les Arts n'étoient pas ſi perfectionnés qu'aujourd'hui.

Ce tombeau, qui eſt placé au milieu du Chœur de l'Egliſe, renferme les corps de François II, dernier Duc de Bretagne, mort en 1488, & de Marguerite de Foix, ſa ſeconde femme, & le cœur enchaſſé dans un cœur d'or d'Anne, Ducheſſe & héritiere de Bretagne, fille de François II, deux fois Reine de France, par les deux mariages qu'elle contracta, le premier avec Charles VIII, & le ſecond avec Louis XII. Cette derniere Princeſſe avoit demandé d'être enterrée à Nantes dans

E iij

le même tombeau de son pere ; mais le Roi, son mari, voulut absolument qu'elle fut inhumée à Saint-Denis dans le tombeau des Rois. Il y a des descriptions de ce monument que l'on peut consulter, ainsi que le procès-verbal de la visite du caveau, qui en fut dressé les 16 & 17 Octobre 1727, d'après l'ouverture ordonnée par le Roi. C'est à eux que je renvoie mes Lecteurs.

M. le Comte de Falckenstein visita le Château de cette Ville, dit *du Bouffai*. C'est le même dans lequel fut renfermé le trop fameux Cardinal de Rets, & d'où il se sauva par le moyen d'une échelle. Il a éprouvé depuis lors plusieurs révolutions ; mais il a été entierement réparé. Il sert aujourd'hui de Palais de Justice.

La Chambre des Comptes de Nantes fait construire une nouvelle Salle de Justice à son usage. Depuis nombre d'années elle tient ses séances au Couvent des Cordeliers, en attendant sa construction. M. le Comte de Falckenstein se rendit au nouvel édifice; l'Architecte lui en présenta & expliqua les plans, dont il parut satisfait.

Cet illustre Etranger se promena ensuite sur le Quai, qui est un endroit agréable de la Ville. Il y a encore auprès de Nantes un lieu qu'on ne manque pas de visiter. C'est l'hermitage; il est placé sur une éminence, à un quart de lieue de la Ville. La vue en est charmante; on y découvre toute la Ville & ses environs: il a été donné aux Capucins qui l'occupent. Près de l'hermitage est la fameuse pierre Nantoise: c'est une portion de rocher qui est fort polie, & se trouve en pente.

Nantes est une Ville qui renferme peu de curiosités. Le commerce en est l'ame. On y voit cependant une Bibliothèque publique.

M. le Comte de Falckenstein après avoir satisfait sa curiosité sur tous les objets de cette Ville dignes de la fixer, & s'être entretenu sur ses différents genres de Commerce avec M. de Montaudouin, se mit en marche vers les quatre ou cinq heures du soir. Cet illustre Etranger quitta la Bretagne pour visiter l'Anjou, le Poitou & la Touraine. Il passa par Angers, Ville capitale de l'Anjou, qui a un Château très-fort & bâti d'ardoises. Les fossés de cette Ville sont encore remarquables par leur profondeur. M. le Comte de Falckenstein ne s'y arrêta cependant pas, & alla coucher à Ancenio, qui est un petit Bourg. Il partit de ce dernier endroit le lendemain 16, pour se rendre à Saumur, où il arriva entre dix & onze heures du matin.

Saumur passe pour une Ville très-ancienne. Elle est située sur la rive gauche de la Loire, où il y a un Pont pour passer cette Rivière. Le passage sur la Rivière donne beaucoup d'importance à cette Ville. Elle a un

Château fort beau & bien fortifié, tant par sa situation que par l'Art. Il est bâti dans un autre emplacement que celui où étoit l'ancien. Il y a dans cette Place un Etat-Major.

M. le Comte de Falckenstein étoit attendu dans cette Ville. C'est pourquoi depuis le Fauxbourg de la Croix verte jusqu'à l'Auberge de la Corne, où cet illustre Etranger descendit, qui est située sur la Place de cette Ville, dite du Chardonnet, une foule immense d'Habitans & même d'Etrangers s'offrit sur son passage. M. le Comte de Falckenstein accueillit tout ce Peuple, sans sortir de sa voiture, avec son affabilité ordinaire. Il fit son entrée dans la Ville, ayant à sa suite le Marquis de Poyanne, Lieutenant-Général des Armées du Roi & Commandant dans la Province, les Comtes de Rochambeau, Maréchal de Camp, & de Bethune, le Chevalier de Montaigu, tous Officiers supérieurs des

Carabiniers, qui étoient allés l'attendre à la porte de la Ville. M. le Comte de Falckenstein loua beaucoup l'heureuse situation de la Ville & fut charmé du point de vue que l'on découvre de dessus son Pont.

Comme on avoit placé un sentinelle à la porte de son Auberge, pour écarter la foule, M. le Comte de Falckenstein demanda qu'on le fît retirer; ce qui fut exécuté. Après avoir passé quelques instans dans sa chambre pour quitter ses habits de voyage, il se montra enfin aux desirs du Peuple, dont toute l'Auberge étoit remplie, vêtu de son uniforme, & monta dans la voiture du Marquis de Poyanne, pour se rendre au Terein des manœuvres. Les Seigneurs de sa suite, ainsi que M. Du Petit-Thouars, Lieutenant-de-Roi, qui le suivit à cheval, se tenant à la portiere de sa voiture, l'y accompagnerent. Il trouva dans cet endroit le Corps des Carabiniers en bataille. Ce Régiment, composé de huit escadrons, est un des plus beaux de France. M. le Comte de Falckenstein monta alors à cheval, & M. de Poyanne alla se placer à la tête de son Corps, pour y faire les commandemens.

M. le Comte de Falckenstein ayant passé sur le front de la ligne, examina avec la plus grande attention les hommes, les chevaux & l'équipement, après quoi le Marquis de Poyanne fit manœuvrer le Corps avec autant d'ordre que de célérité. M. le Comte de Falckenstein se porta dans tous les endroits, d'où il pouvoit juger le mieux des alignemens & de l'effet des diverses manœuvres.

Voici deux traits d'humanité, dont cet illustre Etranger eut pour témoin dans cet instant toute la Ville de Saumur. Un Carabinier étant resté avec son cheval embourbé dans un bas fond & dans une apparence de danger, M. le Comte de Falckenstein s'empressa des premiers à le secourir. Après qu'on l'eût tiré de ce mauvais pas, qui n'eut pour lui aucune suite fâcheuse, M. le Comte de Falckenstein lui fit donner une certaine somme pour le dédommager. Il montra la même sensibilité & la même générosité envers un autre Carabinier, qui, quelque tems après ce premier accident, tomba dans une charge, lui & son cheval. Mais heureusement ce Carabinier n'eut qu'une blessure un peu ensanglantée.

Les manœuvres durerent environ une heure & satisfirent pleinement M. le Comte de Falckenstein, qui donna les éloges les plus flatteurs à la beauté de la Troupe & loua encore plus son instruction. Il visita aussi les Casernes & examina en particulier tous les plans relatifs à cet objet, ainsi qu'aux Ponts & Chaussées de Saumur. Les écuries, le manége fixerent successivement sa curiosité. Il prit des inftructions particulières fur ces divers objets dans le plus grand détail. Il defira de voir les Carabiniers à pied. La Troupe avoit eu le tems de fe préparer & de faire rentrer fes chevaux, pendant qu'il fefoit ces différentes vifites, après lefquelles il vit les huit efcadrons défiler devant lui, à pied, en buffles.

Cet illuftre Etranger rentra enfuite dans fon Auberge, où il fe mit à table pour dîner. Il étoit plus de trois heures. A quatre il monta en voiture, pour continuer fa route & fe rendre à Tours, fans avoir vu le Château de Saumur, le tems ne lui permettant pas de faire un plus long féjour dans cette Ville, qui ne fut que de fix heures. Le Peuple à fon départ fe livra encore à tous les tranfports de fa joie, qu'il fit éclater par des cris de *Vive le Roi*; *Vive l'Empereur*; *Vive la Reine*. On rapporte que M. le Comte de Falckenstein, & il n'en faut pas être surpris, répondit à ces acclamations par *Vive le Peuple*, & en faisant signe de sa main, combien il étoit sensible à une si grande démonstration de joie & d'amour.

Le tems manqua aussi à M. le Comte de Falckenstein de visiter, suivant ses desirs, Richelieu, qui est une petite Ville du Saumurois. Ce lieu n'étoit avant le Cardinal de Richelieu, qu'une Terre où il y avoit un Château n'offrant qu'une mazure. Mais ce fameux Ministre y fit bâtir une très-jolie Ville & le Château superbe que l'on voit aujourd'hui. La rivière d'*Amable* remplit les fossés de la Ville. Cette Terre & Seigneurie furent érigées en Duché Pairie en faveur du même Cardinal. Notre illustre Etranger en fit le sacrifice pour mieux visiter la Touraine, Province dont la température de l'air est très-bonne &

la situation charmante. Ses Terres sont des plus abondantes, particuliérement en excellents fruits ; ce qui fait appeller la Tourraine le Jardin de la France. Ses belles rivières de la Loire, Cher, Indre, Creuse & Vienne n'y contribuent pas peu.

Sur la route de Tours & près de cette Ville, on trouve la Terre de Veret, où il y a un Château situé au bord du Cher. Ce Château fixe l'attention des curieux, tant à cause de la beauté de ses bâtimens, de ses jardins, des peintures & des statues dont il est orné, que de son agréable situation. La Terre de Veret avoit appartenu à la Maison de la Barre, puis elle passa dans celle de Bouillier de Chavigny, ensuite au Duc de Mazarin, de qui la tient aujourd'hui M. le Duc d'Aiguillon. M. le Comte de Falckenstein visita toutes les curiosités de ce magnifique lieu & continua après sa route pour Tours.

Il arriva fur le foir dans cette dernière Ville, qui n'eft éloignée que de onze lieues de Saumur. Tours eft fitué dans une plaine, au bord méridional de la Loire, entre cette rivière & le Cher. Les différentes Manufactures, qui font dans cette Ville & principalement celles de foie, furent des objets de curiofité pour notre illuftre Voyageur. Il en vifita quelques-unes. Ces Manufactures de foie font très-belles ; elles font auffi très-anciennes en France. Louis XI leur accorda les plus beaux priviléges, qui leur furent confirmés par Charles VIII. Elles jouiffoient du plus grand luftre fous le le Miniftère du Cardinal de Richelieu. On comptoit alors dans la Ville de Tours vingt-mille Ouvriers en foie, huit cents métiers, pour la fabrication des étoffes & fept cents moulins pour préparer la foie. Mais la Manufacture de la foierie y eft tellement diminuée aujourd'hui, qu'il ne refte guères plus de cent-vingt métiers & foixante moulins. Il n'y a plus qu'un petit nombre de perfonnes employées à la préparation de la foie. Les Manufactures d'étoffes de Lyon & le grand débit des étoffes des Indes, ont fait tomber celles de ce genre à Tours & diminué le Commerce de cette Ville qui la rendoit floriffante. Cette branche de Commerce a befoin aujourd'hui d'encouragement ; & pour la rétablir il feroit néceffaire de faire revivre les anciens priviléges accordés aux Entrepreneurs & aux Ouvriers de ces Manufactures.

M. le Comte de Falckenftein vit encore avec plaifir le Pont de cette Ville fur la Loire, qui paffe par-deffus plufieurs Ifles. Il eft compofé de dix-neuf arches. L'ingénieux méchanifme de fa conftruction attire toujours à Tour un grand nombre de curieux. Notre illuftre Etranger alla coucher le même jour à Chatellerault, à la Tête noire.

Le lendemain 17, il continua sa route pour la Rochelle, passa par Poitiers, où il ne voulut pas s'arrêter & alla coucher à Saint-Maixent, à la Coupe d'or. Il s'entretint dans ce lieu avec la plus grande bonté avec les filles de son Hôte, dont l'agrément de leur figure cède encore à leur honnêteté. Il donna en quittant cette Auberge de nouvelles preuves de sa générosité.

Il arriva le lendemain 18, entre dix & onze heures du matin à la Rochelle, Ville célèbre & qui servit long-tems de Boulevard à ceux de la Religion Prétendue-Réformée. Louis XIII fit raser ses Fortifications, la fit investir & boucher son Port par une digue. Mais Louis XIV la fit refortifier, à cause de son importance. L'air n'y est pas sain. La cause de son intempérie vient des marais falans qui font aux environs de la Ville. Son port n'est plus si bon depuis cette fameuse digue. Quoiqu'à demi-détruite, elle ne laisse pas que de détourner la Mer qui n'y est plu si profonde.

M. le Comte de Falckenstein ayant été retardé à son arrivée dans une rue de la ville par un embarras, fut obligé de descendre de sa voiture. A cet instant le sieur Duchesne, Ingénieur en chef des Ponts & chaussées & Ports Maritimes du Commerce de la Généralité, qui avoit été prévenu de son arrivée, aborda M. le Comte, se fit connoître, & lui demanda ses ordres. M. le Comte de Falckenstein lui témoigna le desir de voir le Port, & lui dit de l'y conduire. L'Ingénieur eut l'honneur de l'y accompagner, en lui faisant traverser la Place d'Armes & suivre le rempart jusqu'aux travaux de l'avant-Port. M. le Comte de Falckenstein examina avec attention les ouvrages que l'on exécute dans cet endroit & trouva les Chantiers de construations très-beaux. Il vit un Navire de huit cents Tonneaux fur l'une des cales. En fefant le trajet, depuis la rue où il étoit defcendu de voiture, jufqu'à l'avant-Port, trajet de plus d'un quart de lieue, M. le Comte de Falckenftein fit diverfes queftions à l'Ingénieur fur l'état de la Ville de la Rochelle, fur fa population, fur fon Commerce, fur le défaut de falubrité de l'air & fur les moyens d'y remédier. Il continua fes queftions au même Ingénieur, fur l'importance des Ifles de Ré & d'Oléron & fur la petite Ifle d'Aix, fur les parages & les mouillages, fur le pertuis des environs d'Antioche & de Maumuffon, fur la digue de Richelieu, enfin fur le canal qui fert d'entrée au Port de la Rochelle. L'Ingénieur répondit pertinemment, & à la fatisfaction de M. le Comte de Falckenftein, à toutes ces demandes.

Après avoir vu les travaux de l'avant-Port, M. le Comte entra dans un Cabinet voisin, vit & examina les plans que l'Ingénieur lui présenta. Il les discuta avec la plus grande sagacité, & parut également satisfait des réponses de l'Ingénieur, relatives à ses questions sur les objets de son examen. Il fit des observations très-judicieuses sur les fortifications de la Ville ; M. Vialis, Major du Corps Royal, répondit à toutes ses questions sur cette partie.

Il alla ensuite sur le Port, fit l'application du local aux plans qu'il avoit vu, & l'Ingénieur des Ponts & Chauffées lui expliqua encore, étant sur le lieu même, en quoi consistoient tous les ouvrages projettés. Il approuva les projets tendants à l'aggrandissement du Commerce & applaudit à l'attention de Sa Majesté, de tout mettre en œuvre pour le favoriser.

De tous les Ports de l'Océan, il

n'en est point de plus favorable au Commerce-maritime que celui de la Rochelle ; il n'en est aucun qui offre aux Navires plus de retraites & de ressources. Les approches en sont très-abordables. Ce Port a deux entrées. Si les rades de la Rochelle ne sont pas les plus sûres, elles ont un avantage, en ce qu'étant en un certain nombre, lorsqu'on est trop exposé dans un mouillage, on passe d'une rade à l'autre pour se mettre à couvert. Le voisinage des Rivières procure encore au Port de la Rochelle de grands avantages en faveur du Commerce, auxquels on pourroit en ajouter un autre. Il seroit en effet à souhaiter, pour la Marine marchande & même pour la Royale, que l'on construisît un Canal de l'extrémité de la Seudre jusqu'à la Gironde. Ce Canal ne formeroit qu'une étendue d'environ quatre lieues. L'exécution de ce projet seroit d'autant plus néceffaire que les Négocians Rochelois préferent à la voie de la Mer un tranfport bien plus coûteux, lorfqu'il s'agit de faire paffer des marchandifes à Bordeaux, qui eft la voiture par Terre, depuis la Seudre jufqu'à la Gironde. Le Cardinal de Richelieu avoit formé ce même projet.

Après avoir vu le Port, M. le Comte de Falckenftein fit fes remercîmens à l'Ingénieur qui l'avoit conduit, de la manière la plus polie, comme la plus flatteufe pour cet Artifte. Il fe rendit enfuite, accompagné du fieur Ganguet, Maire, à l'Hôtel-de-Ville, où il fut reçu par le refte du Corps municipal. Il y trouva l'Académie Royale des Belles-Lettres de cete Ville, qui s'étoit affemblée à la hâte.

M. Seignette, Affeffeur au Préfidial de la Rochelle & fecond Secrétaire perpétuel de l'Académie, qui avoit été inftruit que M. le Comte de Falckenftein paffant à la Rochelle, defireroit voir les expériences fur la Torpille, s'étoit ouvert à ce fujet au Comte de Kobenzel, qui avoit devancé, dès le 16 Juin, M. le Comte de Falckenftein dans cette Ville; ce que ce Seigneur lui avoit confirmé.

La Torpille, vulgairement appellée Tremble, eft, fuivant M. Valmont de Bomare, dans fon Dictionnaire d'Hiftoire Naturelle, 4e. & dernier Volume, lett. T. « un Poiffon de Mer, » ainfi nommé de la propriété finguliere » qu'il a d'occafionner un engourdiffe- » ment à ceux qui le touchent. On le » rencontre fur les Côtes du Poitou, » d'Aunis, de Gafcogne & de Pro- » vence.

» La Torpille eft un Poiffon plat, » cartilagineux, à-peu-près de la figure » d'une Raie; fes yeux font fort petits » ainfi que fa bouche, laquelle eft bien » garnie de dents & formée en demi- » lune jufqu'à la moitié du corps, dont » même elle n'eft pas diftinguée: au-def- » fus

» fus de la bouche on apperçoit deux
» petites ouvertures qui servent de
» narines; le dos de l'animal est tout-à-
» fait blanc; sa queue est courte, mais
» charnue, comme celle du Turbot:
» sa peau est fort mince & sans écailles
» sensibles. Les plus grandes Torpilles
» n'ont pas deux pieds de long.
» Quand on les touche avec les doigts,
» il arrive, non pas toujours, mais
» assez souvent que l'on sent un en-
» gourdissement douloureux dans la
» main & dans les bras jusqu'au coude,
» & quelquefois jusqu'à l'épaule. Sa
» plus grande force est dans l'instant
» qu'il commence; il dure peu & se
» dissipe entièrement. Il est d'une es-
» pèce particulière quant au sentiment
» de douleur; mais il n'y a rien à quoi
» il ressemble plus, qu'à ce que l'on
» sent quand on s'est frappé rudement
» le coude contre quelque chose
» de dur.

» Si l'on ne touche point la Tor-

» pille, quelque près qu'on en ait la
» main, on ne fent jamais rien ; fi on
» la touche avec un bâton, on fent
» très-peu de chofe ; fi on la touche
» par l'interpofition de quelque corps
» peu épais, l'engourdiffement eft affez
» confidérable ; fi on la preffe en ap-
» puyant avec force, l'engourdiffe-
» ment eft moindre, mais toujours
» affez fort pour obliger néceffairement
» à lâcher prife ».

L'expérience a prouvé que le fecret de prévenir l'engourdiffement qu'occafionne le toucher de cet animal, eft de retenir fon haleine ; mais dès qu'on commence à laiffer fortir l'haleine de la bouche, l'engourdiffement fe fait fentir auffi-tôt.

M. de Kobenzel ayant defiré lui-même de voir les expériences de la Torpille, avant de quitter la Rochelle, M. Seignette ne put fe procurer de ces Poiffons que le 18 au matin, deux heures avant l'arrivée de M. le Comte de Falckenſtein & à l'inſtant où M. de Kobenzel alloit partir. Il conduiſit M. de Kobenzel à l'Hôtel-de-Ville, où l'Académie tient ordinairement ſes Aſſemblées. Ce Phyſicien lui fit ſentir la commotion électrique de la Torpille. Les Poiſſons étoient petits & foibles. C'eſt pourquoi M. Seignette fut forcé de ſe borner à la plus ſimple expérience.

Dès l'arrivée de M. le Comte de Falckenſtein à la Rochelle, M. Seignette avoit pris les moyens de ſe faire préſenter à cet illuſtre Etranger & de lui offrir de faire devant lui les expériences ſur la Torpille. M. le Comte de Falckenſtein étoit alors au Port. Il avoit accepté la propoſition & promis de ſe rendre à l'Hôtel - de - Ville. M. Seignette avoit dans ce moment des Torpilles fortes & fraîches. Il fit alors ce qu'on appelle la grande expérience.

Ce Phyſicien mit la Torpille ſur une

F ij

table; cinq perfonnes ifolées, comme dans les expériences électriques, formoient une chaîne. Ces perfonnes fe communiquoient entr'elles, en plongeant un doigt dans des cuvettes remplies d'eau, pofées fur une autre table & placées alternativement entre les cinq perfonnes. La premiere perfonne communiquoit à la Torpille par un fil de fer de cinq à fix pieds, fufpendu avec un cordon de foie; un bout de fil de fer étoit dans la main de cette perfonne & l'autre bout fous le ventre du Poiffon. La dernière perfonne tenoit dans une main un fil de fer pareil. Avec le bout de ce fecond fil de fer, M. Seignette frotta le dos de la Torpille. Alors les cinq perfonnes reffentirent une commotion, qui ne differe de celle donnée par la bouteille de Leyde que par le degré de force. M. Seignette varia l'expérience. Deux perfonnes de la chaîne fe communiquerent par un bâton de cire d'Espagne, au lieu de la cuvette pleine d'eau ; aucune des cinq n'éprouva de commotion, quoique l'animal donnât des signes non-équivoques qu'il frappoit le coup qui la cause.

M. Seignette auroit pu faire vingt expériences de cette sorte, qui toutes auroient prouvé, 1°. que la Torpille, qui est une espèce de Raye, a deux surfaces (celles du dos & du ventre) électriques, comme les deux surfaces de la bouteille de Leyde, & que pour sentir le choc, il faut former une chaîne plus ou moins grande, qui fasse communiquer ces deux surfaces. 2°. Que tous les corps qui sont conducteurs d'électricité, le sont du choc de la Torpille, & que ceux qui interceptent l'électricité, empêchent la propagation de la commotion de la Torpille.

M. le Comte de Falckenstein témoigna à M. Seignette le plaisir qu'il avoit pris à cette expérience, ainsi que MM. de Coloredo & de Belgiozozo qui en furent aussi les témoins. M. le Comte de Falckenstein donna à juger dans cette occasion combien il étoit initié dans la Physique.

Ce qui est encore plus glorieux pour M. Seignette & est même au-dessus de la réputation qu'il s'est acquise parmi les Savans, c'est sa modestie. Ce Physicien a fait honneur à M. Walsh, de la Société Royale de Londres, de ces belles découvertes sur la Torpille. Il a inféré son hommage dans une Lettre qui a été imprimée dans la Gazette de France, du 30 Octobre 1772, & que M. Walsh rapporte presque en entier dans un de ses Ouvrages imprimé en Anglois. M. Walsh vint à la Rochelle en 1772, dans le seul dessein de faire diverses expériences sur la Torpille, dont quelques phénomènes étoient déjà connus. Il fit part de ses projets à M. Seignette, qui lui procura des facilités. Ils travaillerent enſemble. M. Seignette a ſoutenu depuis que ces découvertes, qui furent le réſultat de leurs travaux, appartiennent à M. Walsh, & n'a jamais négligé les occaſions de lui en faire honneur. Mais s'expliquer avec tant de modeſtie, n'eſt-ce pas démontrer qu'on en eſt l'Auteur & qu'on mérite au moins d'en partager la gloire?

Le Maire de la Ville préſenta à M. le Comte de Falckenſtein, au moment qu'il alloit prendre congé du Corps municipal & de l'Académie, l'Hiſtoire de la Ville de la Rochelle & du Pays d'Aunis, Ouvrage diviſé en deux Volumes *in*-4°. de la compoſition de M. Arcere, de la Congrégation de l'Oratoire & de l'Académie de la Ville, imprimé à la Rochelle en 1757. M. le Comte de Falckenſtein voulut bien l'accepter, demanda le nom de l'Auteur & dit qu'il mettroit ce Livre dans fa Bibliothèque. Pour donner à connoître l'Auteur de cet Ouvrage, vieillard octogénaire, qui depuis quelques années est Correspondant de l'Académie des Inscriptions & Belles-Lettres de Paris, il suffira de dire qu'il obtint en 1776 l'*Accessit* à cette Académie, pour une Dissertation sur l'état de l'Agriculture chez les Romains. Elle se trouve chez Lottin l'aîné, à Paris.

M. le Comte de Falckenstein alla ensuite à la Place d'Armes, où le Marquis de Miran, Maréchal-de-Camp, Commandant la Division, qui l'avoit joint sur l'avant-Port avec les principaux Officiers de la Garnison, lui proposa de voir le Régiment de Brie qui étoit sous les Armes. Il accepta cette offre & vit défiler devant lui ce Régiment. Il fit les plus beaux éloges de l'entretien de la Troupe au Marquis de Miran. Après quoi il se rendit vers une heure après-midi à l'Auberge, ayant pour enseigne le Duc de Bourgogne, où étoient descendus ses équipages; il y fit un dîner très-frugal & partit à deux heures pour Rochefort.

Pendant son séjour à la Rochelle, il fut toujours entouré d'une foule de Citoyens de tout état, que l'admiration attiroit sur ses pas. Lorsqu'il dînoit, deux jeunes Négocians de cette Ville desirant le voir à leur aise, prirent une serviette sous le bras & porterent chacun un plat sur sa table. Ils demeurerent ensuite dans l'appartement, la serviette sous le bras. M. le Comte de Falckenstein ne s'y méprit point; il le leur dit, s'informa d'eux-mêmes de leur état, de la nature de leur Commerce & leur fit diverses questions relatives avec la plus grande bonté.

Il arriva à Rochefort sur les cinq heures du soir. Le Maire de Ville se rendit aussi-tôt à son Auberge. M. le Comte de Falckenstein l'accueillit avec affabilité & lui fit diverses questions sur l'état de la Ville, auxquelles le Maire répondir.

Rochefort n'étoit, il n'y a guères plus d'un siècle, qu'un Château placé au milieu des marais & environné de quelques chaumieres habitées par une poignée d'hommes, destinés à la pêche & à la culture des terres. Henri IV avoit donné ce Château à un Officier de sa Maison. Mais Louis XIV s'étant déterminé à fixer à Rochefort l'établissement de la Marine, retira cette Châtellenie rachetable à perpétuité, comme ancien domaine de la Couronne. Il y fit fonder une Ville, en 1666, comme on peut le voir par la médaille qui fut frappée à ce sujet. On lit d'un côté de cette médaille ces mots : *Urbe & Navali fundatis*, qui veulent dire : Etablissement de la Ville & de la Marine ; & dans l'exergue : *Rupe fortium* (Rochefort), 1666.

Cette Ville s'étend fur les bords de la Charente, qui forme un lit capable de recevoir les plus grands Vaiffeaux. Le terrein fur lequel elle eft bâtie eft marécageux. Elle eft expofée au vent du Sud-Eft, qui paffe par-deffus des marais, dont les eaux font croupiffantes & fe chargent de vapeurs malignes. L'air y eft par con- conféquent très-mal fain.

Le Commandant de la Marine (M. de la Touche) accompagné des principaux Officiers & de l'Intendant de la Province, alla vifiter M. le Comte de Falckenftein & prendre fes ordres. Il les combla tous d'honnêtetés & leur promit d'aller voir le Port dans une demi-heure. Alors ils fe retirerent. Le Commandant envoya à l'heure marquée fon fils, Lieutenant de Vaiffeau, à l'Auberge de M. le Comte de Falckenftein, pour le conduire au Port. L'illuftre Etranger s'y rendit auffi-tôt avec lui & accompagné encore d'un grand nombre d'Officiers. M. le Comte de Falckenstein trouva sa situation magnifique. Il visita les Chantiers, différents Vaisseaux & la Machine hydraulique. Il entra aussi dans les Magasins des vivres & dans les Atteliers, fit beaucoup de questions sur la Marine, en employant même les termes de l'Art, aux Officiers de son cortège, qui en demeurerent fort étonnés.

Il passa la matinée du lendemain 19 dans son Auberge, à expédier divers Couriers. Il ne sortit qu'à cinq heures du soir pour retourner au Port. Le Commandant de la Marine s'y étoit rendu. Notre illustre Voyageur visita de nouveau les Chantiers, parla de la construction des Vaisseaux, de manière à surprendre le premier Ingénieur-Constructeur. Il visita aussi la Mâture & s'occupa dans le plus grand détail des mâtures & de tous les agrêts des Vaisseaux. On rapporte quà la vue des différents Vaisseaux & Chebecs, qui remplissoient le Port, il demanda à M. de la Touche, de quelle valeur pouvoit être un Chebec, c'est-à-dire, son corps, ses mâts, ses agrêts, en un mot tout ce qui le constitue, ainsi que le nombre de l'équipage & le montant de leur salaire. Sur la valeur qu'en détermina le Commandant de la Marine & qu'on peut bien imaginer, M. le Comte de Falckenstein s'écria : *Je les paye bien plus cher.* Il dit qu'il en avoit fait construire deux dans ses Etats, destinés à donner la chasse aux Barbaresques & qu'ils lui coûtoient des millions ; il promit de s'en raviser à son retour & qu'il profiteroit de la leçon, qui lui prouvoit qu'il est bon de tout voir & de tout connoître par soi-même.

Les plus grands navires mouillent devant Rochefort, quand ils sont déchargés de leurs canons. Ils y sont inaccessibles aux insultes de l'Ennemi, l'entrée de la Charente étant défendue par les fortifications de l'Isle d'Aix, de la redoute de l'Aiguille, de l'Isle Madame, du Château de Fouras, du Fort de la Pointe, du Fort Lupin & de la batterie du Vergeron.

M. le Comte de Falckenstein se rendit aussi aux Forges. Il vit encore les formes qui servent au radoub des Vaisseaux & qui doivent passer pour des chef-d'œuvres de l'Art. Après quoi il alla à la Fonderie, où l'on fondit devant lui. Il fit beaucoup de questions aux Officiers d'Artillerie. Toutes ces observations furent aussi intéressantes que surprenantes. Il alla ensuite aux Casernes & à l'Hôpital. On lui fit voir dans ce dernier endroit quelques pièces d'Anatomie. Le Médecin du Roi le conduisit au Jardin botanique. Il raisonna sur la propriété de diverses plantes, desquelles encore ce Médecin lui fit plusieurs démonstrations.

Rentré à son Auberge, une Allemande, Femme-de-chambre de la Veuve d'un Officier de Marine, lui présenta un Placet. Elle étoit si tremblante & si décontenancée qu'elle perdit la parole. M. le Comte de Falckenstein la rassura, en lui disant qu'il étoit un homme comme un autre. Cette fille revenue à elle, M. le Comte lui promit bonne & prompte justice.

Ce même jour à huit heures du soir, M. le Comte de Falckenstein partit de Rochefort. Il arriva à Blaye le lendemain 20 sur les dix heures du matin. A son arrivée il monta à la Citadelle, où M. de la Motte, Lieutenant de Roi ; eut l'honneur de le recevoir. Il vit ensuite manœuvrer le Régiment de Navarre & alla dîner à l'Auberge. La veille, MONSIEUR,

Frère du Roi, qui s'étoit proposé de visiter différentes Provinces du Royaume, étoit parti de cette Ville, dans laquelle il avoit été reçu avec tous les honneurs dus à sa Naissance. Ce Prince avoit dispensé les Habitans d'une partie de ces honneurs & s'étoit occupé dans cette Ville des mêmes objets qui intéresserent M. le Comte de Falckenstein. Il donna la satisfaction au Peuple de le voir à table, qui fit éclater toute la joie qu'inspire la présence d'un Prince du Sang de ses Maîtres, Nous verrons quelquefois Monsieur & M. le Comte de Falckenstein se suivre ainsi de près dans leurs Voyages & même se joindre.

Après avoir vu embarquer ses équipages sur le *Brigantin*, M. le Comte de Falckenstein s'y embarqua lui-même ce jour-là sur le midi, pour se rendre à Bordeaux. Le vent d'Ouest étoit grand & conséquemment la marée fut fort vive.

Il arriva entre cinq & six heures du soir à Bordeaux. On savoit qu'il avoit accepté à Blaye le Brigantin de la Marine. Il n'en fallut pas davantage pour attirer sur le Port un concours prodigieux de Peuple. Ainsi malgré les précautions que M. le Comte de Falckenstein avoit prises pour arriver dans cette Ville *incognito*, il fut assailli par la populace à son débarquement. C'étoit à un endroit du Port, qui se trouva fort embarrassé par des pierres de taille & d'autres matériaux destinés à la construction de la nouvelle Salle de Spectacle de cette Ville. Il tomboit une pluie abondante. M. le Comte de Falckenstein, couvert d'un manteau bleu, se vit fort en peine & fut obligé de monter d'une pierre à une autre pour trouver sa route. Il perdit même sa suite & son conducteur. Dans cette conjoncture il eut recours au bras d'un Négociant Allemand, trouvé sur son passage, qui lui parla allemand & le conduisit à l'Auberge du Chapeau rouge, située dans le Fauxbourg de ce nom & que M. le Comte de Falckenstein avoit fait arrêter. Comme on crioit déjà, *Vive l'Empereur*, M. le Comte de Falckenstein fit signe de la main, en disant avec cette douceur qui le caractérise, *paix, paix*. Il fit le trajet à pied, suivi d'une foule immense. Une personne qui se trouvoit près de lui sur son passage, voulut dire au Peuple qui l'entouroit, *chapeau bas*, M. le Comte de Falckenstein lui dit : *Monsieur, je ne vous ai point chargé d'être mon Maître de Cérémonie.*

Bordeaux est une des plus considérables Villes du Royaume. Cette Ville a été mise au nombre de celles que M. le Comte d'Artois, Frère du Roi, avoit visitées, deux mois avant l'arrivée de M. le Comte de Falckenstein. Monsieur n'en étoit parti que la veille, après y avoir demeuré quatre jours. Elle est située sur la rive gauche de la Garonne, à environ seize lieues de l'embouchure de cette Rivière dans l'Océan. On entre dans cette Ville par douze différentes portes. Les rues y sont assez étroites; il n'y a que celle du Chapeau rouge qui puisse être distinguée des autres.

Dès l'arrivée de M. le Comte de Falckenstein, les Officiers municipaux allerent lui rendre visite à son Auberge; mais il ne voulut pas les recevoir. Un de ses premiers soins fut d'aller voir la Place Royale, qui est la plus belle de toutes celles de Bordeaux. Elle est située dans le Fauxbourg, dit *du Chapeau rouge*. Il étoit accompagné du Maréchal Duc de Mouchi, venu à Bordeaux avec la permission du Roi, pour y recevoir MONSIEUR. La Ville fit faire cette Place en 1733, sur les desseins de M. Gabriel, premier Architecte du Roi. Elle est entourée de bâtimens magnifiques, au milieu desquels on a élevé la Statue équestre de Louis XV. Cette Statue est en bronze & a environ quinze pieds de haut. Elle est de Lemoyne, de l'Académie de Peinture & Sculpture de Paris. On en fit l'inauguration en 1743.

La nouvelle Salle des Spectacles occupe un de ces superbes bâtimens. On croit qu'elle sera un jour une des plus belles du Royaume. M. le Comte de Falckenstein desira la voir. Il la parcourut avec attention, en admira les beautés, mais sans en cacher les défauts devant M. Louis, Architecte, qui en dirige les travaux. Le Corps de Ville s'y étoit rendu. Le Maréchal Duc de Mouchi le présenta alors à M. le Comte de Falckenstein & profita de cette occasion, pour lui rappeller que ce Corps avoit déjà eu l'honneur de se rendre à son Hôtel, pour lui offrir ses services & ses hommages & un autre logement ; ce que ce Corps eut l'honneur de lui renouveller. Mais M. le Comte de Falckenstein l'en remercia, sans rien vouloir accepter. De la Salle de Spectacle il se rendit à l'Hôtel de la Cour Consulaire, où est la Bourse des Négociants & la Jurisdiction des Consuls, qui forme une autre aîle de la Place Royale. Il alla ensuite visiter l'Hôtel-de-Ville.

M. le Comte de Falckenstein honora une fois le Spectacle de cette Ville de sa présence. On lui donna une représentation du *Baron d'Albicrack* & de *l'Anglois à Bordeaux*. Il s'occupa pendant son séjour dans cette Ville ancienne & très-commerçante des objets curieux qu'elle renferme dans son sein. Il voulut aussi connoître le genre de Commerce que l'on fait à Bordeaux. M. Dutasta, Négociant distingué de cette Ville, lui donna là-dessus tous les renseignemens. Ce

Citoyen, qui eut à ce sujet avec lui une longue conversation, fut le seul de sa profession qui jouit de ce rare privilége de l'entretenir.

On admire à Bordeaux des Monumens qui prouvent son ancienneté. On remarque la Porte basse, dont la construction solide ressent le siècle d'Auguste. Les Barbares & différents autres Peuples des Gaules, dont la Province de la Guienne & particulièrement la Ville de Bordeaux furent la proie, ont respecté ce bel ouvrage, quoique partout ailleurs ils n'aient rien épargné.

On voit aussi dans cette Ville le Palais de Galien, qui porte même aujourd'hui le nom de l'Empereur sous lequel il fut bâti. Cet édifice devoit être magnifique ; mais il est presque ruiné. Il y a encore dans cette Ville des restes d'un Amphithéâtre placé derrière Saint-Surin, qu'on appelle *les Arênes*, dont la forme étoit ovale & telle qu'ont eu tous les Amphithéâtres.

Il avoit deux cents vingt-sept pieds de long sur cent quarante de large.

Il existoit encore à Bordeaux un Temple consacré aux Dieux Tutelaires, appellé le Palais de Tutele, d'après l'inscription suivante, que l'on trouva dans le même Edifice lorsqu'il subsistoit. Louis XIV le fit détruire en 1700, pour donner de l'étendue à l'Esplanade que ce Prince fit faire devant le Château Trompette, la voici :

TUTELÆ

AUG.

LASCIVUS CANIL.

EX VOTO.

L. D. EX D. D.

Ces dernieres lettres initiales *L. D. EX D. D.* signifient : *Locus datus ex decreto Decurionum* & prouvent que la Ville de Bordeaux jouissoit sous Auguste, du droit de Colonie Romaine.

Cette Ville est très-bien défendue par trois Forts, savoir : le Château

Trompette, le Château du Haa & le Fort de Sainte-Croix. Le Château Trompette est à l'entrée du Quai, à l'une des extrémités de la Ville & commande le Port. Ce Château, bâti en 1454, fut réparé par le Maréchal de Vauban, qui l'augmenta d'un chemin couvert, de deux demi-lunes & d'une grande contre-garde. Cette Citadelle est encore composée de six bastions, dont il y en a trois du côté de la Rivière.

Le Château du Haa est un vieil édifice, bâti vers le même tems que le Château Trompette & peu fortifié.

Le Fort de Sainte-Croix ou de Saint-Louis, est situé sur la Rivière & à l'angle opposé à celui du Château Trompette. Louis XIV le fit construire en 1676. Ce n'est qu'une espèce de réduit formé de deux petits bastions qui dominent la Ville, & défendu de quelques ouvrages extérieurs, entre le fossé & le chemin couvert.

M.

M. le Comte de Falckenſtein viſita ce Fort & les deux Châteaux. Il fut reçu dans le Château Trompette par le Comte de Fumel, qui en eſt le Gouverneur. Il auroit deſiré de ſéjourner dans cette Ville plus long-tems qu'il ne fit, afin de ſatisfaire ſa curioſité ſur un grand nombre d'objets intéreſſants qu'elle renferme; mais il trouva une ſi grande multitude de Peuple ſur ſes pas, au moindre mouvement qu'il voulut faire, qu'il ſe détermina à abréger le ſéjour qu'il s'étoit propoſé. Il en partit le 23 entre cinq & ſix heures du matin, pour ſe rendre à Bayonne.

Il arriva le même jour ſur les cinq heures du ſoir dans cette Ville, très-fatigué, comme on le peut croire, ayant fait cette route à francs étriers & par une pluie abondante. Notre illuſtre Etranger mit pied à terre à Saint-Etienne, qui eſt un petit Village, à un demiquart de lieue de Bayonne. Il étoit suivi des Seigneurs de fa fuite. On le reconnut à l'entrée de la Ville. M. de Normand, Echevin & Négociant, qui fe trouva par hafard à cet endroit, s'empreffa d'écarter la foule qui commençoit à l'obféder & s'offrit de l'accompagner. M. le Comte de Falckenftein s'étant informé par la premiere perfonne qui il étoit, & ayant appris que c'étoit un Magiftrat, le remercia d'abord de fes fervices ; mais fachant enfuite qu'il étoit auffi Négociant, il le fit appeller. Ils fe rendirent de ce pas l'un & l'autre à l'Hôtel de S-. Etienne, que M. le Comte de Falckenftein avoit fait arrêter. Après un entretien d'un quart-d'heure fur différentes chofes relatives au Commerce & principalement fur celui des Toiles d'Allemagne, que le fieur de Normand entreprend, M. le Comte de Falckenftein lui donna rendez-vous au lendemain pour s'entretenir encore fur le même objet & fe mit à table.

Après le dîner notre illustre Voyageur se promena quelque tems sur le rempart, qui est à deux pas de l'Auberge de-Saint-Etienne. Il ne se proposa de visiter que le lendemain la Ville & ce qu'elle offre de plus intéressant.

Bayonne est située au confluent de la Nive & de l'Adour, à une lieue de l'Océan. Elle est divisée en trois parties, dont deux sont sur la rive gauche de l'Adour & séparées l'une de l'autre par la Nive. La troisieme partie est connue sous le nom du Fauxbourg du Saint-Esprit. Celle-ci est sur la rive droite de l'Adour.

La grande Ville est située à l'Ouest de la Nive & la petite Ville est entre la Nive & l'Adour. Ces deux Villes communiquent l'une avec l'autre par deux Ponts. Le grand & le petit Bayonne sont entourés d'une vieille enceinte & d'un fossé sec que l'on a conservé. Cette enceinte est couverte d'une autre nouvelle & flanquée de huit baſtions réparés par le Maréchal de Vauban, qui y a auſſi ajouté un grand ouvrage à corne avec ſa demilune. Tout cela eſt entouré d'un bon foſſé & d'un chemin couvert.

M. le Comte de Falckenſtein deſira de voir le lendemain de ſon arrivée les ouvrages de la Barre. Pour cet effet il s'y rendit ſur un bateau, accompagné de deux Echevins de la Ville, l'un deſquels étoit M. de Normand, dont j'ai déjà parlé, & des Seigneurs de ſa ſuite. La Barre eſt un banc de ſable à l'embouchure de la rivière de l'Adour, qui varie tantôt au Nord, tantôt au Sud. On a élevé différentes digues de l'un & de l'autre côté, depuis la Mer juſqu'au *Boucaut*, Village qui en eſt éloigné d'un quart de lieue. Ces digues donnent à la Rivière plus de rapidité & forment une eſpece de Canal ou un lit aſſez profond pour le paſſage des Vaiſſeaux. M. le Comte de Falckenstein examina avec la plus grande attention ces ouvrages & s'en fit expliquer les détails par M. de Morancy, Entrepreneur du Roi, à qui il témoigna ensuite sa satisfaction de toutes ses réponses. Ces travaux sont du Département du Génie Militaire.

Bayonne est la seule Ville de France qui ait l'avantage d'avoir deux Rivières où montent la Mer, savoir la Nive & l'Adour, ce qui rend cette Ville très-commerçante. On a essayé anciennement d'y construire des Vaisseaux pour le compte du Roi. Mais on a remarqué que ces Vaisseaux ne pouvoient pas être de la premiere grandeur. On eut en effet toutes les peines du monde à faire sortir de l'Adour un Vaisseau de soixante-huit pièces de canon, qu'on avoit construit à Bayonne. On se contente aujourd'hui d'y faire des Frégates de quarante-cinq à cinquante canons. Les Bâtimens de Bayonne vont tous les ans à la pêche de la Baleine dans les Mers du Nord & à celle de la Morue sur le banc de Terre-neuve. Ce sont les Bayonnois qui ont inventé l'Art de réduire en huile & en savon la graisse des Baleines.

Après la visite de la Barre, comme il y avoit une multitude de Peuple sur le chemin, entre Bayonne & le Boucaut, empressé de voir M. le Comte de Falckenstein, notre illustre Etranger voulut lui donner la satisfaction qu'il demandoit en mettant pied à terre, vis-à-vis de l'Abbaye Royale de Saint-Bernard. Il accepta la main de M. de Morancy pour descendre du bateau. Il n'entra pas dans cette Abbaye, dont il se contenta de demander le nom & la Regle. De-là il se rendit au Pont du Saint-Esprit, qui est entre le Fauxbourg de ce nom & le Réduit. Il examina ce Pont, qui est fort grand & construit en bois & entra dans le Fauxbourg qu'il parcourut. Ce Fauxbourg sert, pour ainsi dire de Casernes, aux

Juifs, qui sont obligés de s'y retirer pendant la nuit. Chemin fesant il questionna beaucoup les Echevins qui l'accompagnoient, sur la fortune des Principaux de cette Nation, domiciliés dans ce Fauxbourg.

Cette partie de la Ville est très-bien fortifiée. Son enceinte, qui a été réparée par le Maréchal de Vauban, est flanquée de quatre bastions couverts d'un grand ouvrage à corne, qui sont défendus de trois demi-lunes de terre & entourés d'un bon fossé avec son chemin couvert. Il visita la Citadelle, qui est située du côté de ce Fauxbourg & à une très-petite distance de la rive droite de l'Adour. Elle est bâtie sur une hauteur d'où elle commande aux deux parties de la Ville, au Fauxbourg, au Port & à la campagne; c'est un quarré régulier, flanqué de quatre bastions accompagnés de trois demi-lunes, une du côté du Fauxbourg du Saint-Esprit, auquel cette Citadelle est contiguë, & les deux autres du côté de la campagne. Le tout est entouré d'un bon fossé sec avec son chemin couvert. M. le Comte de Falckenstein fut reçu dans cette Citadelle par MM. d'Apremont, Commandant & Delas, Major.

Il visita aussi le Château neuf, qui est flanqué de quatre Tours en forme de bastions. MM. Biaudos, Commandant & Dubosc, Major, l'y reçurent. Il passa ensuite au Château vieux, où il fut accueilli par M. Dampierre qui en est le Commandant. Il visita de même ses fortifications. Ce Château est flanqué de quatre Tours rondes. Après quoi il retourna en Ville, parcourut les allées marines qui forment une très-agréable promenade, examina avec attention tous les Bâtimens qui étoient sur le bord de la Rivière, passa par les glacis & rentra dans son Auberge par la Porte d'Espagne.

M. le Comte de Falckenstein partit

le lendemain matin pour Saint-Jean-de-Luz. Il arriva sur les cinq heures & demie du soir dans cette Ville, célèbre par la proximité du lieu de l'Isle des Faisans, où se tint la conférence entre les deux Rois & les Ministres d'Espagne & de France, à l'occasion du Mariage de l'Infante d'Espagne avec Louis XIV & par le séjour de la Cour de France, lors de la Célébration qui en fut la suite. Dès que M. le Comte de Falckenstein fut descendu à son Auberge, les Ingénieurs des Ponts & Chaussées allerent lui présenter leurs hommages & lui demanderent la permission de l'accompagner dans la visite de la Ville & des travaux du Port. Ces travaux consistent dans la construction d'un mur, qui doit servir de digue aux irruptions de la Mer & défendre la Ville, en attendant l'exécution du plan projetté par le Maréchal de Vauban, qui est de transposer la Ville de l'autre côte. M. le Comte de Falckenſtein, accompagné des Ingénieurs, ſe rendit à l'endroit de ces travaux. Mais comme c'étoit l'heure de la pleine Mer, il ne put voir que leur emplacement, ſoit celui de la jettée, ſoit celui du mur de garantie ſur la breche.

Les Ingénieurs euſſent deſiré que les circonſtances euſſent permis à M. le Comte de Falckenſtein de les voir à l'ouvrage, pour leur propre ſatisfaction & la ſienne. Toutes les obſervations que M. le Comte de Falckenſtein leur fit furent judicieuſes. Il s'entretint avec eux ſur l'Art des Ponts & Chauſſées avec la plus grande ſagacité. Ce fut lui-même qui expliqua à M. de Coloredo différentes opérations relatives aux travaux de ce Port, qu'il avoit de la peine à comprendre.

Après avoir examiné les plans que les Ingénieurs lui préſenterent, qu'il ſe rappella d'avoir vu à Paris chez

M. Trudaine, s'être ensuite informé de la quantité d'Ouvriers employés aux ouvrages du Port & fait diverses questions sur cet objet, M. le Comte de Falckenstein rentra dans son Auberge où les Ingénieurs le reconduisirent. Ils eurent l'honneur de s'entretenir avec lui pendant trois quarts d'heure. M. Descolins, l'un d'eux, se fit connoître à M. le Comte de Falckenstein, comme ayant un de ses frères à son Service. Notre illustre Voyageur s'en rappella & voulut bien lui dire sur cet Officier les choses les plus flatteuses & lui faire espérer son avancement.

La conversation roula sur différentes choses intéressantes & particulierement sur les curiosités de la France, qu'il avoit déjà vues, sur plusieurs Provinces, telles que le Cotantin & le pays de Caux, pays que M. le Comte de Falckenstein croyoit être les plus beaux pour la culture & la production des terres. En parlant de la beauté de ces

Pays, comme quelqu'un de la Compagnie mettoit en parallele l'Espagne, M. le Comte de Falckenstein dit, qu'il auroit entrepris bien volontiers le voyage de ce Royaume, si sa présence n'eût pas été nécessaire à Vienne dans le mois d'Août prochain.

Le Gouverneur, les Maire & Echevins de la Ville & autres Officiers venus pour faire leur cour à M. le Comte de Falckenstein, l'accompagnerent dans sa visite de la Ville avec les Ingénieurs des Ponts & Chaussées ; mais il s'entretint beaucoup plus avec ces derniers, comme étant plus capables de lui donner les instructions qu'il demandoit. Ils marcherent toujours à ses côtés, ayant derriere eux les autres personnes de sa suite. Cette espece de distinction étoit d'autant plus fondée, que les Membres qui composent ce Corps si utile le méritent. Je ne rapporte pas ce fait par flatterie. MONSIEUR, Frère du Roi, dans son passage à Bordeaux, a fait le plus bel éloge de ce Corps en peu de mots. Comme le Maréchal Duc de Mouchi présentoit à ce Prince M. Vatfarembert, Ingénieur en Chef de la Généralité de Guienne, MONSIEUR eut la bonté de dire, d'une manière à être entendu de tout le monde : *Je connois l'habit ; il est porté par des hommes de merite.* Cette anecdote fait autant d'honneur au Corps des Ingénieurs des Ponts & Chaussées, qu'au Prince qui fait ainsi apprécier les talens & les exciter par de pareils éloges.

M. le Comte de Falckenstein desirant de visiter les Frontières de l'Espagne, partit le lendemain de Saint-Jean-de-Luz à quatre heures du matin, accompagné d'un seul Domestique. Il avoit à sa suite MM. de Coloredo, & de Belgiojozo, le Duc de Crillon, Officier Général au Service d'Espagne & de France & l'Ingénieur qui l'avoit accompagné la veille (M. Descolins). Ils étoient tous montés sur des chevaux de poste. Dès six heures ils furent rendus à Andail, qui forme la Frontière de France, vis-à-vis de Fontarabie. Après avoir vu ce Fort qui domine les Fortifications de Fontarabie & n'en est séparé que par la rivière de Bidassoa de deux cents toises de largeur environ en pleine Mer, & examiné les batteries de ce Fort, qui avoient été dirigées contre Fontarabie, lorsqu'il fut pris par les François, M. Descolins prit congé de M. le Comte de Falckenstein qui lui avoit permis de le suivre jusques à Andail & ne voulut pas qu'il allât plus loin avec lui dans un Pays Etranger, de peur de faire naître des soupçons.

Arrivé à Fontarabie, M. le Comte de Falckenstein entra avec sa suite dans la Place. On lui fit reconnoître le vrai point d'attaque & la brêche qui ouvrit l'entrée de cette Place aux François. Elle est aujourd'hui en très-bon état & la brêche entièrement réparée. M. le Comte de Falckenstein changea de chevaux dans cette Ville & se rendit de-là à un Village nommé *Leſſo*, où il s'embarqua lui, sa suite & ses équipages consistants en selles de chevaux, *à la Baye du paſſage*, dans un bateau conduit par deux femmes. Pendant la traversée, les chevaux de M. le Comte de Falckenstein & de ceux de sa suite filoient le long de la Côte pour se rendre à l'autre rive. M. le Comte de Falckenstein alla examiner l'entrée de la Baye, ainsi que plusieurs gros Vaisseaux de la Compagnie de Carajas, qui étoient prêts à charger & dont l'un d'eux alloient mettre à la voile. M. le Comte de Falckenstein & sa suite eurent bientôt gagné l'autre bord du passage, où les chevaux s'étoient rendus. Chacun remonta sur le sien; M. le Comte de Falckenstein fut obligé d'accommoder lui-même sa selle. Après quoi il continua sa route jusqu'à Saint-Sébastien.

Le Duc de Crillon s'étoit détaché de la Compagnie & avoit devancé dans cette Ville M. le Comte de Falckenstein pour faire tenir prêt le Régiment de Navarre, que cet illustre Etranger desiroit de voir manœuvrer. Il y arriva à dix heures du matin, où il fut abordé par plusieurs Officiers & le Gouverneur de la Place, qui feignit de se trouver à sa rencontre comme par hasard, afin de se rendre aux desirs de M. le Comte de Falckenstein qui avoit demandé qu'on ne lui rendît aucune espèce d'honneur.

M. le Comte de Falckenstein visita aussi-tôt le Marquis de Bassecour, Capitaine Général, Commandant dans la Province de Quipuscoa, qui réside à Saint-Sébastien. Ce Commandant est frère de Madame de Gonzalez, qui étoit Gouvernante des Infantes de Parme & l'avoit été par conséquent de la premiere Femme de M. le Comte de Falckenstein. C'en fut assez pour engager notre illustre Etranger à aller faire visite à cet Officier qui étoit incommodé de la goutte. M. le Comte de Falckenstein reçut chez ce Commandant les hommages des *Alcades* de la Ville ou Officiers municipaux & de plusieurs autres personnes de distinction. M. de Bassecour auroit desiré de pouvoir l'accompagner dans la Ville; mais M. le Comte de Falckenstein l'engagea à rester chez lui, en lui disant qu'il avoit besoin de repos; & après l'avoir comblé d'honnêtetés lui & sa femme, il prit congé de tout le monde & sortit même par une porte de derriere, pour éviter la foule qui avoit assailli la principale porte d'entrée. Un pareil empressement de la part du Peuple prouve bien que ce n'eſt pas ſeulement en France qu'on l'a vu avec admiration, & que les autres Nations ont pour lui le même enthouſiaſme.

M. le Comte de Falckenſtein alla enſuite viſiter avec ſa Compagnie, dont le fils du Marquis de Baſſecour, âgé de ſept à huit ans, vint groſſir le nombre, le Magaſin de Cacao de la Compagnie de Caraque, dont il emporta avec lui une montre. De-là il ſe rendit à *la Loge*, qui eſt le dépôt du fer qu'on fabrique en Eſpagne: il en viſita divers Magaſins. On peut juger de l'importance de ce Commerce par la quantité de mines de fer qu'on trouve dans ce Royaume & le nombre des Forges qui y ſont entretenues. On en compte plus de trois cents, depuis les Pyrenées de Navarre, juſqu'aux extrémités de la Galice.

M. le Comte de Falckenstein monta ensuite à la Citadelle, qui est bâtie sur un rocher & dont la vue embrasse la pleine Mer & tout l'horison. Il visita aussi *le Quartier*, c'est-à-dire les Casernes. Il se fit apporter le pain qu'on donne aux soldats. Il en goûta & le trouva bon. Après quoi il sortit de la Ville pour aller voir manœuvrer le Régiment de Navarre qui y est en Garnison. Il parut aussi satisfait de l'instruction & de l'entretien de la Troupe que d'aucunes qu'il eût vu.

Après l'Exercice & avoir rempli sa curiosité sur tant d'objets, dans le court espace de deux heures, M. le Comte de Falckenstein monta dans une voiture du Pays, attelée de six mules espagnoles, qu'on lui avoit fait préparer & partit pour Saint-Jean-de-Luz, aux acclamations des Habitans de Saint-Sébastien. Il fit ainsi le trajet de cette Ville à Yvon, ce qui fait une espace d'environ cinq lieues. Il repassa ensuite la rivière de Bidaſſoa dans un bateau, pour regagner les Frontières de France, où il prit encore des chevaux de poſte & ſe rendit ainſi par les plus mauvais chemins à Saint-Jean-de-Luz, vers quatre heures & demie du ſoir.

A ſon arrivée il ſe mit à table. On ne ſe perſuadera pas ſans doute aiſément, comment après s'être mis en route dès quatre heures du matin & avoir fait différentes courſes, étant preſque toujours monté ſur des mauvais chevaux de poſte, parce qu'il n'avoit pas voulu accepter de chevaux de Maître, il fut encore à jeun en arrivant. On juge de l'appétit que nos Voyageurs durent avoir après une telle caravanne ; mais ce qu'on ne conçoit pas, c'eſt que M. le Comte de Falckenſtein ne parut même pas fatigué, ſoit de la courſe, ſoit de la chaleur extrême qu'on avoit reſſentie ce jour-là, ni d'avoir été incommodé de l'ardeur du Soleil, qu'il avoit ſupportée le matin. Il voulut encore aller coucher ce soir-là à Bayonne, sans prendre aucun repos; toujours monté sur des chevaux de poste. Ce qu'il fit en effet.

C'est ainsi que M. le Comte de Falckenstein laissa à Saint-Jean-de-Luz, comme par-tout ailleurs, la plus haute idée de sa Personne, sur-tout par la manière dure avec laquelle il se traitoit. J'ai déjà parlé de son coucher & de sa vie frugale, dont le plus petit parvenu de notre siècle ne s'accommoderoit pas. Mais cette insensibilité pour lui-même n'a rien encore de comparable avec cette affabilité, ce ton aisé qui se plie à tous les caractères & à toutes les conditions, & qui ôte tellement toute crainte à ceux qui ont l'honneur de s'entretenir avec lui, qu'il leur fait croire qu'ils parlent à un ami, pour ne pas dire un camarade.

Les chemins de Bayonne à Saint-

Jean-de-Luz, & de cette dernière Ville jufqu'à la Frontière font impraticables. Comme l'Ingénieur, dont j'ai déjà parlé, qui avoit conduit M. le Comte de Falckenftein fur la Frontière, lui témoignoit fa peine de ce que la route n'étoit pas encore faite, notre illuftre Voyageur lui répondit qu'il etoit bien habitué aux mauvais chemins, & que toute route, fur-tout en France, étoit pour lui praticable, depuis qu'il avoit fait tout le tour de fes Etats, toujours à cheval, en fuivant les montagnes du Tirol, celles qui bordent la Mer Adriatique, celles de Syrie, de Tranfylvanie; en un mot les Frontières de la Turquie, de la Pologne, de la Hongrie, de la Bohême, &c. Il ajouta qu'il lui étoit arrivé dans fes Voyages, d'avoir paffé quelquefois quinze jours fans voir la trace d'une roue de charrette, à caufe du mauvais état des chemins.

M. le Comte de Falckenftein partit

une seconde fois de Bayonne le 27 au matin, pour visiter le Languedoc, une des plus belles Provinces de France. La Ville la plus importante de cette Province & qui en est la Capitale, c'est Toulouse. M. le Comte de Falckenstein alla descendre dans cette Ville, à l'Hôtel du grand Soleil, rue Croix-Baragnon. M. de Kobenzel l'avoit devancé dans cette Ville, où il étoit déja arrivé depuis trois jours. Dès son arrivée il se mit à table. Après son dîner il se fit conduire à l'Archevêché & monta à cet effet dans une voiture de l'Hôtel. Une affluence de Peuple l'y suivit & même un grand nombre de personnes notables de la Ville & plusieurs Dames élégamment ajustées.

Le Siége de Toulouse est occupé par M. de Loménie de Brienne, Prélat aussi distingué par son esprit que par ses qualités patriotiques. Il reçut M. le Comte de Falckenstein, avec lequel il eut un entretien fort long &

qui dura jusqu'à huit heures. M. le Comte de Falckenstein prit alors congé du Prélat. Comme tous les appartemens de l'Archevêché par où il devoit passer, étoient remplis de personnes de tout sexe & de tout état, qui desiroient de le voir, M. le Comte de Falckenstein voulut se dérober à leur admiration. Ce ne fut qu'à la prière du Prélat qu'il consentit à ne pas profiter d'une porte de derriere & à traverser une longue enfilade d'appartemens remplis de personnes, dont tous les yeux étoient fixés sur lui, qui applaudissoient intérieurement à une si grande modestie & simplicité & avoient de la peine de contenir leurs mains. Le Prélat distingua dans cette multitude la Présidente de Sauveterre, Dame d'un esprit & d'une figure également agréables, & la présenta à M. le Comte de Falckenstein, qui l'accueillit avec le plus grand plaisir.

Le lendemain dès cinq heures du matin,

matin, M. le Comte de Falckenstein s'empressa de voir tout ce que Toulouse renferme de plus remarquable, soit en Monumens anciens, soit en modernes. Cette Ville passe avec raison pour une des plus anciennes de la France. Divers Auteurs des siècles reculés, conviennent qu'elle étoit la Capitale des *Tectosages* ou Volsques, 280 ans avant Jésus-Christ. Les Romains établirent dans cette Ville une Colonie, sous la protection de Pallas. Les Wisigots la réduisirent ensuite sous leur puissance; elle étoit même devenue la Capitale de leur Royaume. Clovis la leur enleva & elle fit partie alors du Royaume de Neustrie, jusqu'à ce qu'Eudes, Duc d'Aquitaine, s'en fût emparé sur la fin de la premiere Race de nos Rois. Les Sarrasins la prirent & la pillerent en 732. Pepin l'enleva à Gaifre, Duc d'Aquitaine. Elle devint ensuite Capitale du Royaume d'Aquitaine, sous les premiers Rois de la seconde Race & ne commença à avoir des Comtes propriétaires que sous Charles le Simple, vers l'an 920. Ses Comtes. furent fort puissants. Le Comté de Toulouse fut enfin réuni à la Couronne, sous Philippe le Hardi, par la mort de Jeanne, fille de Raymond le jeune & d'Alphonse de France.

On voit dans cette Ville quelques restes des Monumens des Romains. Mais une curiosité qui date moins de l'Antiquité & mérite cependant d'être visitée, c'est un caveau qui existe dans l'Eglise des Cordeliers de cette Ville, où l'on trouve exposés soixante-dix cadavres d'hommes & de femmes desséchés, n'ayant que la peau sur les os ; ils sont parfaitement conservés. Le caveau est dessous le Chœur. La propriété de la terre de ce caveau est de consumer ainsi les chairs, sans déranger les restes du corps.

M. le Comte de Falckenstein, accompagné de l'Archevêque, alla visiter le Pont sur la Garonne, qui joint le Fauxbourg Saint-Cyprien à la Ville. Ce Pont mérite de fixer l'attention des curieux. Il sortit ensuite de la Ville pour voir l'Ecluse de *Brienne*, ainsi appellée du nom de l'Archevêque de Toulouse, qui a présidé à l'exécution d'un ouvrage aussi grand qu'utile.

Cet illustre Etranger ne fit pas dans cette Ville un séjour aussi long qu'on l'eût cru & que ses Habitans l'eussent desiré. Les Capitouls de Toulouse l'attendirent, à ce qu'on assure, sur la Place Royale, depuis cinq heures du matin jusqu'à son départ, pour lui rendre des honneurs. L'Académie des Jeux Floraux se flattoit aussi qu'il l'honoreroit de sa présence. Elle s'étoit à cet effet aussi assemblée de grand matin. Cette célèbre Compagnie est la plus ancienne de toutes les Sociétés Littéraires, si l'on en excepte l'Académie Françoife. Elle s'eft toujours diftinguée par les Membres qui l'ont compofée & les Ouvrages de génie qu'on a vu éclore de fon fein ; mais elle ne put partager avec d'autres du Royaume la gloire de voir un Aftre bienfaifant, éclairer par fa préfence fon afyle & animer fes travaux ; & foit que tant d'appareils, tant de préparatifs, dictés pourtant par le zèle, répugnaffent à la modeftie de notre illuftre Voyageur, que la gloire importune, foit que l'étendue de fes projets ne lui permît pas de fatisfaire aux defirs des Habitans de Touloufe, M. le Comte de Falckenftein ne rentra pas dans la Ville & arriva à la Porte de Saint-Etienne, en fuivant les murs. C'eft-là qu'il prit congé du Prélat, à qui il dit les chofes les plus obligeantes & fe mit en route pour continuer la vifite de la Province.

Un des premiers objets qui fe préfente à l'admiration d'un voyageur, en sortant de Toulouse, c'est le Canal de Languedoc, que l'on voit à un quart de lieue de cette Ville, exécuté sous le Règne de Louis XIV, pour la communication de la Méditerrannée avec l'Océan. Des Historiens prétendent que les Romains conçurent plusieurs fois le dessein de construire un semblable Canal, mais qu'ils l'abandonnerent ; ce dont on ignore la raison. Ce Monument, qui est de la plus grande utilité pour le Commerce, étoit au reste bien digne de leur grandeur & de leur magnificence. Il est très-certain qu'il avoit déjà été projetté depuis l'Etablissement de la Monarchie, sous Charlemagne, François I & Henri IV. En 1604 & sous ce dernier Règne, le Connétable de Montmorency fit visiter tous les endroits par où ce Canal devoit être conduit. Les Guerres civiles arrêterent l'exécution de ce projet sous ce Règne

& le fuivant. On n'ignore pas que le Cardinal de Richelieu ne fût pas le maître de le voir réalifer & qu'il en fut empêché par des affaires plus importantes. Mais il étoit réfervé au fiècle de Louis XIV & au Miniftre Colbert, à la voix duquel on a vu opérer les plus grandes chofes, d'entreprendre & d'exécuter un pareil ouvrage. M. Riquet, Directeur des Fermes du Languedoc, fe chargea de l'exécution de ce Canal, fur les Plans & Mémoires du fieur Andreoffi, habile Mathématicien. Le Roi & la Province de Languedoc contribuerent à la dépenfe qu'entraîna l'entreprife d'un fi magnifique Monument. Il coûta plus de treize millions. Il eft vrai qu'on auroit pu diminuer une fi forte dépenfe, en joignant ce Canal à celui de Narbonne, qui a eté fait par les Romains & n'eft qu'à une lieue du Canal de Languedoc. On n'auroit pas été obligé alors de tailler le roc pour pratiquer un paſſage à travers la montagne de *Malpas.* Ce Canal a ſoixante-quatre lieues de France de longueur & trente pieds de largeur. Cent-quatre Ecluſes placées de diſtance en diſtance, retiennent & lâchent les eaux provenantes de différentes Rivières & rendent ce Canal toujours navigable, de ſorte qu'on tranſporte ſans peine les marchandiſes d'une Mer à l'autre en onze jours, avantage qui diminue les frais immenſes de voitures, dont les Négocians étoient obligés de ſe ſervir avant l'exécution de cet ouvrage merveilleux.

M. le Comte de Falckenſtein parcourut ce Canal, qui commence à l'Etang de *Thau*, ſitué à une lieue de la ville d'Agde. Il vivifie toute la Province du Languedoc & finit près de Touloufe dans la Garonne, en traverſant l'*Orbe* & l'*Heraut*, la Montagne dont j'ai déjà parlé, percée exprès & un grand nombre de Ponts, fous lesquels coulent, comme je l'ai déjà dit, beaucoup de Rivières.

M. le Comte de Falckenstein paſſa par Caſtelnaudary le 28 Juin matin. Cette petite Ville du Languedoc, à neuf lieues de Toulouſe, n'a rien de remarquable qu'un Baſſin, ſitué au pied d'une éminence ſur laquelle la Ville eſt bâtie, formant plus de cinq cents-cinquante toiſes de circonférence. Lors de la conſtruction du Canal de Languedoc, cet eſpace étoit un canton de vignes dans un terrein ſabloneux. Les eaux ont emporté d'elles-mêmes ce fonds & y ont formé le Baſſin en queſtion, qui peut être regardé comme un très-beau Port, lequel a beaucoup de profondeur & où des Bâtimens plus conſidérables, que ceux qui navigent ſur le Canal, pourroient mouiller, puiſqu'il y a en pluſieurs endroits juſqu'à vingt-cinq pieds d'eau. Il mérita aussi de fixer l'attention de M. le Comte de Falckenstein.

Cet illustre Etranger arriva à une heure après midi aux Portes de Soreze, petite Ville du Languedoc, à trois lieues de Castelnaudari. M. de Pressac, Officier Général de la Division de la Province, l'attendoit avec deux Escadrons du Régiment de Languedoc, Dragon. Cet Officier alla lui rendre ses devoirs à la portière de sa voiture. Aussi-tôt M. le Comte de Falckenstein en descendit, passa dans les rangs des Dragons & demanda des chevaux. On lui proposa d'entrer dans la Ville & de voir l'Ecole-Royale-Militaire. Il répondit qu'une de ses voitures ayant été rompue, l'avoit retardé dans sa route & le privoit des instants qu'il avoit destinés à voir cet Etablissement. Il existe dans l'Abbaye des Bénédictins, qui est fort ancienne & dont on attribue la fondation à Pepin, Roi d'Aquitaine, qui vivoit dans le milieu du huitième siècle. Cent-cinquante ans après les Normands détruisirent ce Monastère, que les Religieux se hâterent de rétablir. Depuis lors cette Maison a encore éprouvé différentes révolutions. Il est à présumer que le Collège & la Pension de cette Maison, où la jeunesse est très-bien élevée, remontent à l'époque de la révocation de l'Edit de Nantes. Ce qui prouve l'excellence de cette éducation, qu'on ne croiroit pas des Religieux capables de donner, c'est que Sa Majesté a mis cette Maison au nombre de celles où l'on élève aujourd'hui les jeunes enfans des Officiers, dont l'Ecole-Militaire de Paris étoit seule chargée auparavant.

M. le Comte de Falckenstein se reposa quelques minutes sur l'herbe & sous un arbre pour attendre ses chevaux. Il partit après leur arrivée, en recommandant à M. de Pressac d'empêcher que personne ne le suivît.

De Soreze il se rendit avec les Seigneurs de sa suite, à Saint-Fereol, petit endroit de la même Province, dans la Vallée de Loudot, où il y a un réservoir formé dans le lit de la rivière de Landot. Il n'avoit pas voulu permettre que M. de Pressac l'y accompagnât. Ce réservoir a douze cents toises de longueur sur cinq cents de largeur & vingt toises de profondeur, de sorte qu'il contient à sa superficie six cents toises & douze millions de toises quarrées : il est toujours plein, & fournit en tous tems de l'eau au Bassin de Nauroussse, par le moyen d'une rigole qui l'y conduit. Mais pour le remplir lui-même il a fallu ramasser toutes les eaux d'alentour & particulièrement celles de la Montagne noire. C'est par le Canal qu'on a réuni dans le Bassin de Naurousse les eaux de différentes Rivières, qui se déchargeoient auparavant les unes dans l'Océan, les autres dans la Méditerranée.

M. le Comte de Falckenſtein parcourut très-rapidement à cheval ce magnifique réſervoir. Il ne voulut pas même voir les voûtes qu'on avoit faites éclairer. La foule qui le preſſoit l'empêcha de ſatisfaire ſa curioſité. Il remonta à cheval après l'avoir faite congédier. Mais, nonobſtant ces défenſes, un Particulier, un Religieux Bénédictin & un Officier de Maréchauſſée, crurent qu'il étoit de leur devoir de le ſuivre à cheval. M. le Comte de Falckenſtein qui s'en étoit apperçu depuis quelque tems, vint à eux le chapeau à la main, & s'adreſſant à l'Officier de Maréchauſſée, il lui dit : *Je ne me laiſſe pas accompagner. Je vous prie de ne me ſuivre qu'à un quart de lieue de diſtance.* Alors ces trois perſonnes, forcées de ſe rendre à des ordres ſi preſſants, mirent pied à terre. M. le Comte de Falckenſtein traverſa enſuite la Montagne pour aller joindre ses équipages qui l'attendoient à Villepinte. Il n'eut d'autre suite & ne prit d'autre Guide que M. Cazal, Directeur du Canal de la Montagne.

Il arriva le Dimanche 29 Juin à Villepinte, petite Ville du Haut-Languedoc, par la porte qui conduit à Touloufe, monté fur un cheval blanc. Il parut s'intéreffer, d'abord en entrant dans le Fauxbourg, aux amufemens des jeunes gens de l'un & de l'autre fexe, qui danfoient au fon du fifre & du tambour & alla prendre enfuite fon logement dans la Ville, à l'Auberge du Cheval blanc. Toutes les Brigades des Maréchauffées des environs étoient poftées à la porte de cette Auberge pour la Garde de fa Perfonne : il les remercia & les fit retirer. Une foule de curieux s'y étoit auffi rendue, du nombre defquels étoit le Maître des Poftes. Comme M. le Comte de Falckenftein pria tout le monde de fe retirer, celui-ci lui dit qu'il étoit-là pour prendre fes ordres. M. le Comte de Falckenftein lui répondit qu'il n'en avoit pas à donner. Alors ce Particulier s'étant annoncé pour le Maître des Poftes, M. le Comte lui dit de faire atteler. Il monta après dans l'appartement qui lui avoit été préparé. Il parut convenir à M. le Comte de Falckenftein, car dès qu'il y fut entré, il dit à ceux de fa fuite: *Nous fommes bien ici.* En attendant qu'on lui fervît à dîner il refta quelques inftants à la fenêtre, pour donner aux Habitans affemblés, foit dans la rue, foit aux fenêtres, la fatisfaction de le voir. Les jeunes gens de la Ville avoient déjà quitté l'endroit où M. le Comte de Falckenftein les avoit vû danfer, & avoient pris le devant de la porte de l'Auberge pour le lieu de leur fcène. M. le Comte de Falckenftein quitta la table au fon de leurs inftrumens & demanda le fujet de ce divertiffement. On lui répondit que c'étoit pour lui faire honneur & qu'on cesseroit si on savoit de lui déplaire. Mais il parut qn'il prit une seconde fois plaisir aux amusemens de cette jeunesse, en s'en rendant spectateur pendant plus d'un quart-d'heure, après avoir déserté absolument la table & en augmentant la gaieté de la jeune Troupe par ses largesses. Au reste il quitta cette petite Ville, aussi satisfait des Habitans que du lieu & de l'Auberge. Il remonta dans sa voiture, qu'il avoit quittée à Soreze, pour se rendre à Carcassonne.

Il y avoit déjà deux jours qu'on avoit annoncé dans cette Ville le passage de M. le Comte de Falckenstein. Tous ses Habitans, les Notables, les Magistrats, les Gens de Lettres, les Artistes avoient passé ces deux jours dans l'attente & désespéroient que leur Ville ne fût pas digne de fixer son attention. Mais cet illustre Etranger, qui ne fe propofe dans fes Voyages d'autre but que d'agrandir la fphère de fes connoiffances, ne devoit rien oublier de ce qui pût lui en procurer de nouvelles. Informé que la Ville de Carcaffonne eft une des plus jolies de la Province du Languedoc, tant par fa régularité que par fa fituation & fes embelliffemens; inftruit en outre qu'il y avoit dans cette Ville une Fabrique des plus confidérables & des plus avantageufes à l'Etat, par fon vafte Commerce avec l'Empire Ottoman, il voulut la vifiter.

Il y arriva le 29 Juin à 9 heures du foir & alla defcendre à l'Auberge du Lion d'or, où le Maître empreffé de le recevoir, avoit meublé un appartement de ce qu'il avoit de plus précieux. *Pour qui donc cet ameublement fi recherché?* dit en y entrant M. le Comte de Falckenftein. *Vous avez cru, fans doute, loger chez vous quelque petit*

Maître ? Otez, ôtez tous ces meubles inutiles; une table, une chaise, de la paille fraîche, voilà tout ce qu'il me faut.

Pendant qu'on exécutoit ſes ordres, M. de Pelletier, Major de la Cité de Carcaſſonne, accompagné de l'Ingénieur de la Place, vint lui préſenter ſes hommages. M. le Comte de Falckenſtein l'accueillit avec bonté & lui fit pluſieurs queſtions ſur l'état actuel des Habitans, leur Commerce & les Fortifications de la Ville, auxquelles M. de Pelletier répondit d'une manière ſatisfaiſante. Après cet entretien, il deſira de prendre du repos & demanda qu'on n'introduiſît plus perſonne dans ſon appartement. Il employa quelques heures à faire ſes dépêches & ſe mit au lit, ſans avoir pris autre choſe qu'une ſoupe au lait.

Le lendemain 30, M. le Comte de Falckenſtein s'étant levé dès trois heures du matin, pour s'occuper de quelques affaires particulières, avoit éveillé les Seigneurs de sa suite & ordonné de se tenir prêts au départ. A peine le jour commençoit-il à paroître, que ne perdant pas de vue le principal objet qui l'avoit attiré à Carcassonne, il demanda à voir les draps de la Fabrique de cette Ville, où il y a un Corps de Fabriquans, établi en Jurande dans la Ville haute, composé de soixante à quatre-vingt Maîtres. Ce sont ces Fabriquans qui font presque tout le Commerce. Il y a cependant une Manufacture Royale dans la même Ville, appellée la Trivale, qui jouit d'un grand renom.

La majeure partie des Fabriquans de la Ville, qui avoient passé la nuit dans l'Auberge de M. le Comte de Falckenstein, avec une infinité d'autres Concitoyens pour le voir partir, n'oserent se présenter pour satisfaire ses desirs, soit par crainte, soit par respect. Le sieur Jean Roque, un des anciens, informé du deſſein de M. le Comte de Falckenſtein, s'empreſſa de répondre à ſa demande & lui étala des draps de diverſes couleurs & de toutes les qualités, que l'on eſt dans l'uſage de fabriquer dans la Ville de Carcaſſonne. L'illuſtre Voyageur jugea leurs qualités, diſtingua leurs défauts, fit même des obſervations ſur les opérations qui étoient néceſſaires pour les perfectionner. Il voulut voir enſuite les draps à l'uſage du Levant. Le ſieur Roque lui en préſenta. M. le Comte de Falckenſtein témoigna de la ſurpriſe de les voir ſupérieurs à l'idée qu'il s'en étoit faite ; & adreſſant la parole au ſieur Roque : Vous êtes donc un des Fabriquans de cette Ville ? — Oui, Monſieur le Comte. — Je ſuis bien aiſe de m'inſtruire avec vous de cette Fabrique. Depuis quand eſt-elle établie ? —Depuis le 20 Novembre

1708. —Combien de pièces de draps s'y fabrique-t-il annuellement, & combien comptez-vous de métiers? —Il se fabrique à-peu-près cinquante mille pièces par an, & l'on fait monter le nombre des métiers à environ trois mille. —Suivez-vous les Règlemens de Colbert? —Oui, M. le Comte, nous les suivons. —On m'a dit cependant que vous avez failli perdre votre Commerce. —Cela est vrai ; & nous n'en attribuons la cause qu'au bruit du système de la liberté de nos Fabriques, qui avoit porté nos Ouvriers à l'indépendance & à la malfaçon ; mais le Ministre, prévoyant que ce désordre entraîneroit la perte totale de ce Commerce, a donné les ordres les plus sévères pour remettre nos Fabriques sur leur ancien pied. —Votre Commerce a éprouvé, ce me semble, plusieurs révolutions. Quelle en est la cause ? —Les principaux avantages d'un Commerce sont la protection & la liberté de l'exportation. Nous jouissons du premier avantage ; on nous fait espérer le second. Jusqu'à ce jour nous n'avons pu faire passer nos draps dans le Levant que par le Port de Marseille. Les Négocians de cette Ville sont seuls en possession de notre Commerce & en retirent tout le fruit. Nous sommes cependant aussi chers qu'eux à l'Etat, ainsi que les Négocians des autres Ports du Royaume. Nous espérons que, sous ce Règne de Justice & de bienfaisance, notre réclamation ne sera pas infructueuse. Car c'est-là la source de nos malheurs. Ce privilége exclusif porte le découragement dans le cœur de nos Fabriquans ; & ce défaut de concurrence fait que les Négocians de Marseille cherchent à avilir le prix de nos draps ; & nous voyons tous les jours qu'ils donnent la préférence aux draps que la malfaçon permet de donner à vil prix, tandis que ceux qui font dans leur perfection reftent invendus, ou ne s'achettent qu'à des prix ruineux pour le Fabriquant. Le défaut de vente des retraits eft encore un des plus grands obftacles à ce Commerce. Elle arrête les achats & occafionne les accumulations. En 1741, le Miniftère avoit établi un fyftême avantageux à ce Commerce, en fixant à chaque particulier le nombre des draps qu'il devoit fabriquer annuellement ; de cette façon leur nombre n'excédoit jamais la confommation qui s'en fefoit dans les échelles du Levant. La fageffe du Miniftère augmentoit à chaque Fabriquant fon contingent, quand il s'étoit diftingué par fa bonne Fabrication. Par-là l'on vit naître de jour en jour l'émulation ; les accumulations diminuerent fenfiblement, & ce Commerce reprit fon premier luftre. La deftruction de ce fyftême fut l'époque de la décadence du Commerce des draps. En effet, fi l'on accorde à chaque Fabriquant la liberté de fabriquer un nombre indéfini de draps, fans lui donner en même-tems celle d'exporter fa marchandife & de la vendre à qui il voudra, la perte de ce Commerce eft par-là auffi certaine que la ruine des Fabriquans.

M. le Comte de Falckenftein, qui avoit écouté avec la plus grande attention le fieur Roque, lui répondit : Vos obfervations paroiffent judicieufes. Mais quel intérêt retire à-peu-près l'état de ce Commerce ? —Pour huit millions d'induftrie & trois millions d'emploi de laine nationale. —Ne craignez-vous pas que les Nations étrangères puiffent envahir votre Commerce ? Qu'opposerez-vous pour que l'Espagne ne puisse le faire ? —La Guerre de Religion qu'elle a avec la Porte & le peu d'inclination que ses Peuples ont pour le travail. — Et Venise ? —Les Vénitiens ont bien fait quelques essais, mais jusqu'à présent ils ont mal réussi.

Notre illustre Voyageur s'étendit ensuite sur la méchanique de cette Fabrique, qu'il connoissoit parfaitement & sur la variété des couleurs. On eût dit, à l'entendre raisonner sur cet objet, qu'il en avoit fait une étude particulière. Il appuya particulièrement sur la couleur verte & écarlate. Puis adressant la parole à MM. de Coloredo & de Belgiojozo. *Ce Fabriquant, leur dit-il, me paroît instruit ; il m'a développé les opérations de son Commerce d'une manière qui mérite des éloges.* Aussi le sieur Roque reçut-il

en

en le quittant, les marques les plus grandes de fa bienveillance. Ce Citoyen fut flatté, ainfi que fes confreres, que le hafard l'eût conduit auprès de M. le Comte de Falckenftein, & que cet illuftre Etranger eût donné à leur Commerce des preuves de fa protection, en préfence d'un grand nombre de fpectateurs, qui furent témoins de cet entretien.

Le commerce des draps eft la principale richeffe de cette Ville. Une partie eft employée à leur fabrication. Ces draps font fort beaux. Les Négocians de Marfeille en tirent une grande quantité pour le Levant, où s'en fait la confommation.

La Ville de Carcaffonne eft fituée dans une contrée délicieufe, fur la rivière d'Aude, à une demi-lieue du Canal royal de Narbonne & quinze de Touloufe. Cette Ville eft très-ancienne. Elle eft divifée en haute &

basse Ville. La haute est appellée la Cité & séparée de la basse par la rivière d'Aude. Le Château qui commande la Ville est dans cette partie. La basse Ville est moderne & assez bien bâtie. Il y a dans celle-ci une Place qui forme un grand quarré long. Au milieu est une Fontaine faite de cailloux, sur le haut de laquelle est un Neptune. Quatre chevaux marins sortent à demi corps de cette espèce de rocher. Le Quai est bordé par des allées d'arbres qui forment de très-belles promenades. La Manufacture Royale de draps est au-delà du Pont; plus de mille Ouvriers y sont employés en tout tems. Le Palais où est le Siège Présidial est un assez beau bâtiment. L'architecture de la Maison de Ville mérite encore de fixer l'attention. C'est-là tout ce que cette Ville renferme de plus curieux. On projette de faire passer le Canal Royal dans son enceinte ; ce qui contribuera à son embellissement & à faire fleurir son Commerce.

Le tems ne permit pas à M. le Comte de Falckenstein de s'occuper de tous ces objets; c'est pourquoi après avoir satisfait sa curiosité sur le Commerce de cette Ville, il se disposa à partir. En sortant de son appartement il s'approcha du Comte de la Tourzelle, ci-devant Aide-de-Camp du Maréchal d'Estrées, qui s'étant présenté la veille pour demander les ordres à M. le Comte de Falckenstein, sans avoir été reçu, lui avoit fait remettre l'ancien Mémoire imprimé de la construction du Canal de Languedoc. Cette Pièce renferme la forme de ce Canal, l'ancien devis du Chevalier de Clairville, le Traité entre les Propriétaires dudit Canal avec le Roi, la Province & les Propriétaires des terres & des fonds destinés pour le passage & la construction dudit Canal, ainsi que de tous ses francs bords. M. de la Tourzelle avoit encore joint à ce Mémoire l'Arrêt du Conseil d'Etat, donné à ce sujet. D'après ces deux pièces & les exactes instructions que M. le Comte de Falckenstein prit de M. de Garipuy, Ingénieur en Chef de la Province de Languedoc, il fut bientôt au fait de la construction de cet ouvrage merveilleux, qu'il connoissoit déjà.

M. le Comte de Falckenstein témoigna à M. de la Tourzelle, combien il étoit sensible à cette attention de sa part. Cet Officier saisit cet instant pour lui présenter ses hommages & lui témoigner son attachement de pere en fils à la Personne des Souverains. Il lui fit également part de l'obligation qu'il avoit aux Sujets de Sa Majesté Impériale, de lui avoir conservé la vie sur le champ de bataille de Plaisance, où il fut constitué son prisonnier. Après quoi M. le Comte de Falckenstein monta dans sa voiture pour continuer son voyage, en présence d'une foule nombreuse de Citoyens, qui remplissoient l'Auberge & entouroient sa voiture, qu'il salua, pour répondre à leur vif empressement.

Il arriva vers les huit heures du matin à Trebes, qui est un Bourg de la même Province. L'aqueduc de la Rivière d'Orbiel en est distant de quatre cents pas. Cet ouvrage est un magnifique Pont à trois arches sur la Rivière. La masse en est considérable & la décoration simple, mais soignée. Elle est destinée à soutenir le Canal au-dessus de cette Rivière. Indépendamment de la beauté de l'ouvrage, on y remarque une singularité piquante & qui ne peut manquer d'intéresser tout spectateur. C'est que les eaux de la même Rivière passent tout-à-la-fois au-dessus & au-dessous de ce Pont. On trouve l'explication de ce paradoxe apparent, en remontant la Rivière & en y observant une belle chauffée en pierres de taille, percée d'épanchoirs, au moyen de laquelle les eaux de la Rivière font élevées au-deſſus du niveau du Canal. En partant de cette chauffée, on a pratiqué une rigolle qui aboutit au Canal & y amene les eaux de la Rivière, lorſque leur limpidité permet de les y introduire. Celles dont on n'a pas beſoin verſent par-deſſus la chauſſée & vont couler fous le Pont, en même-tems que celles qu'on a introduites dans le Canal, coulent au-deſſus.

M. le Comte de Falckenſtein vit avec autant d'intérêt que de ſatisfaction cet important ouvrage. M. de Leſpinaſſe, Ingénieur du Canal de Languedoc, très-verſé dans ſon Art, que M. le Comte de Falckenſtein prit pour guide, eut l'honneur de lui expliquer le phénomène apparent de ce Pont. Après cette viſite M. le Comte de Falckenſtein continua sa marche & se rendit à Narbonne.

Cette Ville ancienne & grande est située dans un fond, sur un Canal tiré de la rivière d'Aude, qui communique avec la Méditerranée, dont il n'est qu'à deux lieues. Ce Canal divise la Ville en deux parties appellées le Bourg & la Cité. Ces deux parties communiquent l'une à l'autre par trois Ponts. Elles étoient anciennement bien fortifiées. Mais elles ont été négligées, depuis qu'elles ont cessé d'être nécessaires, après la réunion du Roussillon à la Couronne.

L'Eglise métropolitaine & primatiale est située dans la Cité, à quelque distance du Canal. C'est un édifice remarquable par la hauteur de ses voûtes & la hardiesse de sa construction. On y voit plusieurs beaux Tombeaux de marbre. On y admire principalement celui de Philippe le Hardi, Roi de France, mort à Perpignan. Il est au milieu du Chœur. Philippe Le-Bel, fils & successeur de ce Prince, fit inhumer ses chairs, qu'il accompagna lui-même dans cette Ville. Il en emporta ensuite avec lui les ossemens, qu'il fit déposer dans l'Abbaye de Saint-Denis en France. Le Cœur fut mis dans l'Eglise de Saint-Jacques des FF. Prêcheurs de Paris, & les entrailles dans l'Abbaye de la Noe, en Normandie.

Ce Tombeau fut transféré en 1344 de l'ancienne Cathédrale à celle d'aujourd'hui. Philippe le Hardi y est représenté en marbre blanc, revêtu de ses habits royaux & couché; il tient de la main droite un sceptre & de l'autre ses gants. Derrière le chevet du Tombeau est une inscription latine en lettres gothiques. La voici :

Sepultura bone memorie Philippi quondam Francorum Regis, filii beati Ludovici, qui Perpiniani calidâ febre ab hac luce migravit III. non. Octobris, anno Domini MCCLXXXV.

On y voit différentes figures qui repréſentent des Chanoines, & même des Princeſſes, portant tous des aumuſſes, les uns ſur la tête, les autres ſur le bras. Le Roi Philippe Le Bel y eſt auſſi repréſenté en habit de deuil, entre ſes deux Gardes de la manche.

On remarque encore dans le jardin de l'Archevêché de cette Ville un Tombeau de marbre blanc, également antique & magnifique, avec une niche auſſi de marbre, au travers de laquelle les Prêtres du Paganiſme rendoient les Oracles par un trou quarré, qui paroît au milieu de cette niche.

Mais ce qui a principalement fixé l'attention de M. le Comte de Falckenſtein, c'eſt le Canal qui porte le nom de la Ville & qui la diviſe en deux, comme je l'ai déjà dit.

L'époque de la conſtruction de ce Canal, ouvrage des Romains, n'eſt pas bien déterminée. Parmi la diverſité d'opinions ſur ce ſujet, celle qui la fait monter au Règne d'Antonin. Pie est assez adoptée; mais la plus vraisemblable est celle qui la place à l'an 732, & attribue l'exécution d'un si magnifique ouvrage aux soins d'Agrippa. Ce Canal est situé au milieu de l'Etang, que les Anciens appelloient *Rubresus*, & qu'on nomme aujourd'hui l'Etang de Sigean, à quelque distance au Midi de Narbonne. Il subsiste encore en son entier, & a deux mille de longueur. Il fut construit pour permettre la navigation du bras de l'Aude, qui traverse cet Etang, interceptée par une quantité de sable qui s'engorge à l'embouchure de ce bras de la Rivière.

Les Romains avoient construit dans toute la longueur & au milieu de cet Etang jusqu'à la Mer, un Canal large de cent pas & profond de trente-deux pieds, qui fut pavé & revêtu de grands quartiers de pierres de taille, pour rendre l'Aude capable de porter les Vaisseaux & les Galères, depuis la Mer jusqu'à Narbonne. Mais les différentes Guerres & différents autres evénemens arrivés dans cette Province, ayant diminué insensiblement le Commerce de Narbonne, on négligea d'entretenir ce Canal, de sorte que par succession de tems, les flots ayant entraîné une grande quantité de sable aux deux embouchures de l'Aude dans l'Etang & dans la Mer, les grosses barques ne remontent plus aujourd'hui jusqu'à Narbonne qu'avec beaucoup de difficulté.

M. le Comte de Falckenstein s'occupa dans cette Ville de ces divers objets. Il s'entretint particulièrement avec le Comte de Gleon, Mestre-de-Camp de Dragons. Il entra avec lui dans quelques détails sur la route & la Ville de Perpignan, qu'il se proposoit de visiter.

Mais il se rendit auparavant à Beziers. Cette Ville ancienne a une situation agréable sur une colline, à la rive gauche de la rivière d'Orbe & à une petite distance du Canal Royal. Il y a peu de Villes dont la position soit plus charmante. Pour y arriver, soit de Toulouse, soit de Narbonne, on passe la rivière d'Orbe sur un Pont de pierres qui est assez beau.

Béziers étoit anciennement une Colonie des Romains, du tems de Jules César. Elle n'offre presque plus rien aujourd'hui de remarquable. Son enceinte est assez considérable. Cette Ville est une fois plus longue que large. Une perspective agréable que l'on découvre de la terrasse ou belveder, qui est au-devant de l'Eglise Cathédrale, c'est celle du Vallon où coule la rivière d'Orbe. Ce vallon s'élève insensiblement & forme un amphithéâtre couvert d'Oliviers & de vignobles. Le Palais Episcopal, aussi beau que régulier, est un objet encore digne de fixer la curiosité.

Arrivé à Perpignan, M. le Comte

de Falckenstein visita tout ce que cette Capitale du Roussillon offre d'intéressant. Cette Ville & cette Province avoient appartenu à l'Empire & n'ont été réunies à la Couronne qu'en 1660, par le Traité des Pyrénées.

Perpignan est une Ville considérable, à dix lieues de Narbonne. Elle est située sur la rive droite de la rivière de *Tet*, que l'on passe sur un beau Pont, & sur la *Basse*, ruisseau qui arrose une partie de la plaine du Roussillon, partie dans une plaine & partie sur une colline. La Ville n'est pas bien bâtie, sur-tout du côté de la Citadelle. Cette dernière a principalement fixé l'attention de M. le Comte de Falckenstein. Elle passe pour une des plus fortes du Royaume. Elle est sur une hauteur & commande la Ville. Elle fut commencée sous Charles V & achevée en 1577, sous Philippe II. La porte est couverte par une grande demi-lune, qui s'avance jusqu'au pied du glacis. La grande enveloppe est de six grands bastions ; elle a un bon fossé, & du côté de la campagne plusieurs ouvrages extérieurs. Après cette enveloppe on en trouve une seconde, qui est l'ouvrage du Chevalier de Ville. Celle-ci a six bastions qui dominent sur ceux de la premiere enveloppe, & un fossé seulement du côté de la campagne. La place d'armes est un quarré long, capable de contenir en bataille quatre ou cinq mille hommes. Toute la longueur à gauche est occupée par un beau Corps de Casernes, que Louis XIV fit bâtir. La façade du fond & celle à droite sont occupées par les anciennes Casernes. Après cela on monte un peu pour entrer dans le donjon, qui a un fossé revêtu de pierres de taille un peu en talus. Ce donjon est un ouvrage quarré, composé de huit tours aussi quarrées, dont quatre aux angles & les quatre autres au milieu des côtés.

A une de ces tours on remarque un dextrochere de pierre en faillie, tenant une épée levée & les Armes de l'Empire à côté. On prétend que c'est-là que l'Empereur Charles-Quint, fefant la ronde de nuit, trouva la sentinelle endormie, qu'il jetta dans le foffé, & demeura en faction, jufqu'à ce qu'on vint pour la relever. On croit que ce donjon étoit anciennement la demeure des Comtes de Rouffillon. Cette Citadelle renferme auffi une Salle d'armes, que M. le Comte de Falcken ftein vifita.

Cet illuftre Etranger reprenant la route du Languedoc arriva à Cette. Il vifita cette petite Ville & fon Port qui eft joint à l'Etang de Thau, dont j'ai parlé plus haut au fujet du Canal du Languedoc, avant Montpellier, dont ils ne font éloignés que de cinq lieues. La Ville de Cette prend fon nom d'un petit Hameau ainsi appellé. Elle fut bâtie au commencement du Règne de Louis XIV. Les jettées qui forment le Port ne furent perfectionnées qu'en 1678. La principale de ces jettées court sur l'Est & Ouest, & elle a près de deux cents quatre-vingt-dix toises de largeur, en y comprenant le crochet ou le tournant. Sur ce crochet est un Fort avec une batterie garnie de dix-huit pièces de canons. Il y a aussi un phare élevé d'environ quarante pieds. Du côté de la Mer est une batterie à barbettes, garnie de canons & de deux mortiers.

A cinq cents toises de la grande jettée, en allant à l'Ouest & sur une petite hauteur, est une Fortification qu'on appelle *la Butte ronde*, où l'on a placé une batterie à barbette. Cette butte est entourrée d'autres petites fortifications bâties à pierres sèches. Elle fut construite à l'occasion de la descente que les Anglois firent en 1710 dans ces parages. Ils vinrent occuper cette hauteur, qui est commandée par d'autres Montagnes. A quelques distances de là est le Fort *Saint-Pierre*, qui, quoique petit, est fort élevé. Il est garni d'une batterie à barbette de deux pièces de canon.

Le Canal de Languedoc, le Port & la Ville de Cette ont été compris dans le Voyage de MONSIEUR. Ce Prince séjourna quelque tems dans cette Ville, & logea dans une Maison que les Habitans avoient préparée & ornée, d'une manière propre à le recevoir. Son Port est entièrement utile pour l'importation & l'exportation des denrées & marchandises qui intéressent la Province du Languedoc, & sur-tout pour la sortie des productions de ses Manufactures. C'est pourquoi cette Province l'entretient avec le plus grand soin. Il sert encore d'asyle aux Bâtimens qui fréquentent les Côtes du Languedoc & du Rouffillon. Une raifon qui devroit porter la Province dans laquelle il eft fitué, à tout mettre en œuvre pour le rendre vraiment bon, c'eft qu'alors il offriroit une retraite affurée dans le Golfe de Lyon, qui dans tous les tems a été redoutable aux Navigateurs, à caufe de fon enfoncement dans les terres & de fes plages continuelles, fans ports & fans rades.

M. le Comte de Falckenftein arriva à Montpellier le premier Juillet à huit heures du matin & defcendit au *Cheval blanc*, Auberge fituée dans la grande rue de la Ville. A fon arrivée les Troupes fe mirent fous les armes. Un pareil zèle ne lui fit fans doute pas plus de plaifir que les vifites de plufieurs perfonnes, qui vinrent lui offrir leurs fervices & de l'accompagner. Le refpect dont elles étoient pénétrées pour fa Perfonne, ne leur permit pas de confidérer la fimplicité de l'extérieur d'un Voyageur, qui leur indiquoit assez de le dispenser de tout cérémonial. L'empressement du Peuple à se trouver sur son passage fut encore plus vif que par-tout ailleurs. M. le Comte de Falckenstein voulut cependant voir les curiosités de cette Ville, qui est très-bien située. Elle est sur le penchant d'une colline.

Le premier objet de ses visites fut la Place du Peyrou, qui est hors la Ville. La porte par où l'on va à cette promenade est un arc de triomphe tout revêtu d'architecture, accompagnée de quatre bas-reliefs parfaitement beaux. Cette Place est une des plus belles, non-seulement du Royaume, mais encore de l'Europe, à cause de ses ornemens & de sa situation. On y monte par trois marches. La vue de cette Place s'étend de tous côtés, tant sur la Mer que sur les Pyrénées & autres montagnes voisines. Au milieu de cette Place est une Statue équestre de Louis XIV, que la Ville a fait ériger. On lit sur son piédestal, qui est de marbre blanc veiné, l'inscription suivante, dont l'Auteur est M. Mandejor, Maire d'Alais, de l'Academie Royale des Inscriptions & Belles-Lettres de Paris.

Ludovico Magno, Comitia Occitaniæ, Incolumi, vovere; ex oculis sublato, posuere.
Clɔ. lɔ. CCXII.

Au fond de la Place est un Château d'eau de forme exagone, c'est-à-dire, à six faces, qui sont couronnées d'un entablement & d'une attique par-dessus. Ce Château renferme un réservoir circulaire, qui reçoit les eaux provenantes de la fontaine de Saint-Clément, située à trois lieues de Montpellier. Ce réservoir est éclairé par trois œils de bœuf pratiqués dans chacune des faces. M. le Comte de Falckenstein visita l'intérieur de ce Château, dans lequel on entre par deux portes fermées dans les deux faces. Il y a encore dans cette Place un grand bassin situé en avant du Château d'eau, qui est de forme ovale. Autour de la Place regnent un trotoir & différentes promenades dans le bas, pour l'hiver & l'été. Enfin on n'a rien épargné pour rendre cette Place aussi régulière que belle & agréable. Tous les embellissemens qu'on y voit aujourd'hui, n'ont été projettés & exécutés que depuis quelques années.

De cette Place M. le Comte de Falckenstein se rendit à la Citadelle qui est dans la Plaine & commande la Ville & la campagne. Elle fut construite par ordre de Louis XIII, en 1623, lorsque ce Prince eut fait démolir les fortifications de la Ville. Cette Citadelle est un parfait quarré, composé de quatre grands bastions. Au pourtour regne un fossé plein d'eau, dans lequel sont trois demi-lunes. Le fossé de ces demi-lunes est à sec, parce qu'elles font plus élevées que le corps de la Place. Cette Citadelle eft entièrement ceinte de fon chemin couvert avec fon glacis. On y entre par deux portes, dont l'une du côté de la Ville & l'autre du côté de la campagne. Celle-ci eft appellée la porte du *Secours*. La Place d'armes eft dans la Citadelle; elle eft fort grande & l'occupe prefqu'entièrement.

M. le Comte de Falckenftein vifita encore tous les Hôpitaux de Montpellier, qui fe reffentirent de fes bienfaits. Il fe rendit auffi à Saint-Côme. Enfin rien de ce que cette Ville, qui paffe pour une des principales de la France & où fe tiennent les Etats de la Province, renferme de curieux & d'intéreffant, échappa à fa curiofité. Mais ce qu'il y a d'étonnant, c'eft que dans l'efpace d'environ trois heures il ait tout vifité & obfervé, en fefant ces différentes courfes à pied.

Il partit avant midi pour Nîmes,

qui n'est qu'à huit lieues de Montpellier, où il arriva à trois heures. Il alla descendre dans cette premiere Ville à l'Hôtel du Louvre. Ses Gens l'y avoient devancé & lui avoient préparé à dîner. Après son repas M. le Comte de Falckenstein se rendit à l'Amphithéâtre, où se trouverent les Consuls de la Ville, M. de Saint-Priest, Intendant de la Province & M. Seguier, de l'Académie des Inscriptions de Nîmes, qui lui fut présenté, pour conférer avec lui sur les antiquités que renferme cette Ville. Ce Savant, versé dans la connoissance de l'Antiquité, & qui a consacré en Italie un grand nombre d'années à l'étude des anciens Monumens, remplit cette tâche à la grande satisfaction de M. le Comte de Falckenstein.

Nîmes, d'abord Colonie des Marseillois & ensuite des Romains, est la Ville de France où ces anciens Maîtres du Monde ont laissé plus de vestiges de leur grandeur, qui excite encore aujourd'hui notre admiration.

L'Amphithéâtre de cette Ville fut, comme je l'ai déjà dit, le premier objet de la curiofité de notre illuftre Etranger. Qu'on me permette ici la defcription d'un fi fuperbe Edifice & des autres Monumens, que M. le Comte de Falckenftein a vifités. Le lecteur fera peut-être bien-aife d'en trouver une moins détaillée, que dans les Auteurs qui ont travaillé fur cette matière. Nul ne l'a traitée plus favamment & amplement que M. Menard, de l'Académie de Nîmes, dans le feptieme & dernier Volume *in-4°*. de fon Hiftoire Civile, Eccléfiaftique & Littéraire de la Ville de Nîmes, imprimée à Paris en 1758. Je n'ai pas craint de fuivre ici les opinions de cet Auteur & de faire même une Analyfe de tout ce qu'il a dit fur les anciens monumens de fa Patrie.

Plufieurs Savans ont douté que l'Amphithéâtre

l'Amphithéâtre de Nîmes en fût vraiment un, & lui ont donné différentes destinations. Cette diversité d'opinions vient de ce qu'on n'y trouve nulle trace d'inscription. Mais la forme seule de cet Edifice prouve que c'étoit un amphithéâtre. Elle est elliptique ou ovale & semblable à celle de tous les amphithéâtres. Elle diffère cependant de celle de quelques-uns, en ce que c'est un ovale parfait. On donnoit cette forme circulaire aux amphithéâtres, parce qu'elle étoit la plus avantageuse, & la plus propre à faciliter & rendre générale à tous les spectateurs la vue des exercices & des Spectacles. Ordinairement ces sortes d'Edifices étoient destinés à donner au Peuple le spectacle des Combats, soit entre Gladiateurs, soit entre les bêtes féroces seules, soit entre les personnes condamnées à la mort & les animaux. Peut-être servoient-ils encore pour les sauts & pour la lutte, pour les courses à pied & à cheval, peut-être encore pour la repréſentation des Comédies & Tragédies & autres Jeux ſcéniques.

Il n'eſt rien de ſi ſolide que la ſtructure de celui dont je parle. La principale muraille qui forme ſa façade ou enceinte, a par-tout quatre pieds & demi d'épaiſſeur, en haut comme en bas. Elle eſt fondée ſur un maſſif continu de pierres de taille, large de cinq pieds & demi, haut de huit. Preſque toutes les pierres de ce grand Edifice, qui ſont d'une groſſeur prodigieuſe, & ont dix-huit pieds de long ſur deux de haut & vingt pouces de large, ſont liées les unes aux autres ſans mortier ni ciment, mais ſeulement avec des crampons de fer, ſcellés en plomb de deux ſortes. La plûpart des uns & des autres ont diſparu. Ces ſortes de pièces de fer devinrent, après la décadence de l'Empire, l'objet de la cupidité des Barbares qui inonderent le Pays.

Pour se convaincre que ces pierres, qui ont servies à la construction de cet Edifice, n'ont pas été faites par jet, comme quelques-uns l'ont prétendu, on n'a qu'à les comparer avec celles des deux anciennes carrières, d'où l'on pense qu'elles ont été tirées. Ces deux carrières sont dans le voisinage de Nîmes. L'une n'est éloignée que d'un quart de lieue de la Ville, & est située dans un quartier de son territoire appellé *Roquemaliere*; l'autre en est éloignée d'environ deux lieues, & se trouve sur le chemin de la Calmette, dans un autre quartier qui porte le nom de *Barutel*.

Il n'est point d'amphitéâtre plus entier & mieux conservé que celui-là. Le grand diamètre de cet Edifice est de soixante-sept toises trois pieds, y compris l'épaisseur de la façade; son petit diamètre a cinquante-deux toises cinq pieds, en y comprenant aussi la même épaisseur. Le pourtour ou l'enceinte extérieure est de cent quatre-vingt-dix toises, & la hauteur depuis le rez-de-chaussée jusqu'à l'attique, est de dix toises cinq pieds onze pouces.

La façade de cet amphithéâtre est composée d'un rez-de-chaussée, d'un étage au-dessus & de l'attique qui en fait le couronnement. Au rez-de-chaussée est un portique, ouvert par soixante arcades, qui étoient autant de portes par lesquelles on entroit dans l'intérieur de l'amphithéâtre. Les arcades de ce portique sont à égales distances les unes des autres, sur des alignemens tirés du centre à la circonférence. Elles sont fort élevées & ornées d'un pilastre, qui a près de deux pieds de front & autant d'épaisseur. A deux pieds de l'architrave ces pilastres sont coupés & abaissés de deux pouces.

Sur l'étage supérieur regne du côté de la face un pareil portique, avec le nombre d'arcades perpendiculaires à celles du dessous, mais qui étoient fermées en bas par un parapet ou appui, pour la commodité & sûreté des personnes qui marchoient dans le portique. Ces arcades sont ornées de colonnes d'ordre Toscan.

Quant à l'attique, dont il a été parlé plus haut, c'est une espèce d'étage placé au-dessus des deux autres, qui n'a ni arcades, ni pilastres, ni colonnes & qui ne sert qu'à terminer l'Edifice. Il n'a point d'ornemens. On peut y marcher au-dessus commodément & en toute sûreté, sans y comprendre les saillies du dedans & du dehors. Il regne tout le long de sa circonférence des consoles ou pièces saillantes, qui sont toutes placées à une égale distance, deux à deux, entre deux colonnes : leur nombre total est de cent-vingt. Elles ont dix-huit pouces de saillie, deux pieds de largeur & autant de hauteur. Elles sont percées dans le milieu d'un trou rond de douze pouces de diamètre.

L'usage de ces consoles ainsi percées n'est pas douteux. On plaçoit dans ces trous des poteaux destinés pour les tentes, dont l'effet étoit de garantir du Soleil & de la pluie les spectateurs assis sur les siéges.

L'attique est encore presque partout en son entier. La partie qui regarde le Palais de Justice est toute démolie, dans l'espace de sept arcades jusqu'à leur sommet ; ce qui fait une longueur d'environ dix toises. Dans cet espace se trouvent placées deux tours quarrées, & après ces tours un pan de mur ouvert en arc, propre à y placer une cloche, ouvrage des Wisigots.

Cette enceinte ou pourtour extérieur a quatre portes principales, qui répondent aux quatre coins cardinaux du Monde, & sont distribuées dans une égale distance, c'est-à-dire, de quinze en quinze arcades ; celles de l'Orient & de l'Occident sont placées sur les pointes du grand arc de l'Edifice, & celles du Septentrion & du midi fur les pointes de fon petit axe : cette dernière eft un peu plus étroite que celle qui lui eft oppofée.

La porte feptentrionnale eft la feule qui foit décorée. Les trois autres n'ont qu'un fimple avant-corps & font dénuées de toutes fortes d'ornemens. C'étoit par quelqu'unes de ces portes qu'on fefoit entrer dans l'arêne les Acteurs & les Gladiateurs à cheval ou à pied, ainfi que les éléphans avec leur Conducteur. On y fefoit paffer encore les cages de fer ou de bois, fermées par des grilles, dans lefquelles on emprifonnoit les bêtes féroces.

L'arcade fupérieure de cette porte feptentrionale eft couronnée d'un fronton triangulaire, & deffous ce fronton fortent à moitié corps deux taureaux, qui ont les genoux pliés en dedans & qui forment une faillie en ligne droite. Il ne paroît pas de poil autour de leurs cornes. Ils ont chacun trois pieds de haut, deux & demi de faillie & autant d'épaiffeur. Ces figures ne furent pas mifes-là fans deffein. De plus on voit fur les côtés des jambages de cette arcade fupérieure, en dedans de l'Edifice, une entaille légère, qui commence à la hauteur de la ceinture & regne jufqu'au fommet de l'arcade. Elle forme dans cet évafement prefqu'infenfible, la figure d'une colonne, caractérifée par le chapiteau qui la termine. L'arcade inférieure, qui formoit la porte proprement dite, n'a pas les mêmes ornemens que la précédente. Tout ce qu'on y remarque, c'eft que fous fon entablement paroiffent deux groffes pierres en faillie & en forme de confoles, chacunes de quatre pieds de haut & trois de large.

Il y a différentes figures fculptées

en plusieurs endroits de la façade de cet Edifice. Les deux taureaux sont les seuls qui y soient en saillie & les autres sont simplement sculptées en demi-relief.

L'intérieur de l'amphithéâtre, c'est-à-dire tout le corps du bâtiment, pris depuis les deux portiques & l'attique, étoit formé de différentes parties. On arrivoit dans l'intérieur du rez-de-chaussée par les soixante arcades du portique extérieur, qui étoient autant d'entrées. Les quatre portes, qu'il faut comprendre dans ce nombre, partoient de ce portique & conduisoient en droite ligne jusqu'à l'arêne. La porte de ce passage est quarrée, & a quatre pieds & demi de largeur.

Tout autour de l'Edifice intérieurement, c'est-à-dire autour de l'arêne, il y avoit des marches qui servoient de siéges. On sçait que le nom d'*arêne* se donnoit à ce champ couvert de sable, placé au milieu de l'Edifice, sur lequel on représentoit les Jeux & les Combats. Ces marches s'élevoient l'une sur l'autre, depuis le *podium* jusqu'à l'attique. On appelloit *podium* le premier rang destiné pour les personnes de la plus haute considération. Ces marches ou siéges étoient au nombre de trente-deux; mais il n'en reste aujourd'hui que dix-sept, encore n'est-ce que dans la partie supérieure, & ils ne regnent même pas tout le long de la circonférence. Il n'y en a que onze en certains endroits & six en d'autres. Les siéges des rangs inférieurs, c'est-à-dire, depuis le *podium*, jusqu'au portique d'en haut, sont entièrement détruits ou confondus dans les maisons qui se trouvent construites dans cette partie. Le *podium* étoit fermé d'une muraille qui régnoit tout le long de l'arène, de la hauteur d'environ deux toises.

Les spectateurs se rendoient à leurs siéges par des ouvertures appellées *vomitoria*, parce que c'étoit comme autant de bouches par où ils entroient pour aller prendre leurs places. Ces vomitoires étoient diftingués en trois rangs ; & chaque rang en avoit trente, de manière que les fpectateurs fe plaçoient fans trouble ni confufion.

Cet amphithéâtre pouvoit contenir environ dix-fept mille perfonnes, à raifon de vingt pouces par place, fuivant le calcul arithmétique qu'en a fait M. Mefnard. D'autres Auteurs en ont fait monter le nombre beaucoup plus haut. On juge par un pareil Edifice, capable de contenir tant de perfonnes, de la grandeur & de la magnificence de Nîmes, & que cette Ville, du tems des Romains, devoit renfermer plus de foixante-dix mille Citoyens.

Il y a différentes opinions pour déterminer à qui l'on doit la conftruction de ce fuperbe Bâtiment, & quelle en eft l'époque. Mais il paroît par l'Hiftoire, que la République de Nîmes le fit conſtruire des libéralités de l'Empereur Antonin Pie, qui régna depuis l'an 138 de J. C. juſqu'à l'année 151. Cet Edifice ſervit pendant pluſieurs ſiècles à ſa deſtination, qui fut changée lorſque les Wiſigots ſe rendirent maîtres de Nîmes en 472. La Guerre que ces Peuples eurent à ſoutenir contre les François ſous Clovis, les obligea d'en faire une Fortereſſe & de le rendre un lieu d'aſyle & de défenſe. Ils élevèrent deux tours quarrées, l'une plus groſſe que l'autre & dont la façade regardoit la campagne; tours qui ſont les mêmes que celles dont j'ai déjà parlé, en feſant mention de l'attique. Elles ſont vuides & délabrées en dedans. Ils bâtirent des Maiſons ſur l'arêne, & firent des portiques & galeries un amas d'habitations, qui ſervirent à loger les ſoldats chargés de la défenſe de cette Fortereſſe. On l'appella *Caſtrum arenarum*; nom qu'on n'a ceſſé de lui donner depuis dans les Monumens des ſiècles suivans. En 720, le Pays ayant été pris fur les Wifigots par les Sarrafins, l'amphithéâtre fervit encore de Forterefſe à ces derniers. Charles Martel, la terreur de ces Peuples, & qui les défit plufieurs fois, fit mettre le feu à cet Edifice en 737, afin de leur ôter cet afyle, ainfi qu'aux Habitans du Pays qui les favorifoient. Les flammes toutefois n'y firent pas un grand dommage. A peine y en apperçoit-on les traces les plus légères.

Cet Edifice fe foutint pendant plufieurs fiècles dans cet état. Il devint même, fous les Vicomtes de Nîmes, l'unique Forterefſe de cette Ville. On y avoit conftruit une Eglife paroiffiale, fous l'invocation de S. Martin. Ce fut pour fon ufage qu'on plaça dans un pan de mur le petit Clocher qui fe voit fur l'attique, dont j'ai parlé plus haut. Cette Forterefſe fubfiftoit encore dans le treizieme fiecle.

Il y avoit dans ce lieu une Communauté de Chevaliers, diftincte de celle de la Cité, & gouvernée par des Confuls différents. Les Vicomtes mêmes y fefoient leur principale réfidence, & l'avoient rendue le chef-lieu de tout le Vicomté de Nîmes. Ces Chevaliers, appellés *Milites Caftri arenarum*, depuis 1391, qu'on bâtit un autre Château près de la porte des Carmes de Nîmes, qui remplaça celui des arênes, abandonnerent peu-à-peu leurs habitations; & leurs anciennes maifons ne furent occupées pour la plûpart que par des perfonnes d'une médiocre condition, qui n'ont fait que dégrader cet Edifice.

François I, paffant à Nîmes en 1533, fut touché de l'état de détérioration de ce fuperbe Monument, en parcourant & vifitant tout ce qui refte d'antiquités dans cette Ville. Il ordonna la démolition de toutes les maifons bâties dans les deux portiques de l'amphithéâtre. On exécuta une partie de ses ordres. Le portique supérieur fut débarrassé des maisons qui le masquoient, & mis en état d'en pouvoir faire le tour & tel qu'on le voit aujourd'hui. Mais il ne paroît pas qu'on ait alors rien démoli des autres maisons placées dans le reste de l'Edifice.

On a conçu depuis long-tems le noble projet d'abattre toutes les maisons qui défigurent ce magnifique bâtiment. On en compte cent-cinquante, soit parmi celles qui sont dans l'intérieur de l'Edifice, soit parmi celles qui y sont attenantes en dehors. Il ne paroît pas encore qu'on soit disposé à exécuter ce dessein. Plusieurs Savans & toutes personnes même capables d'apprécier ces Monumens de l'Antiquité, qui portent avec eux un caractère de grandeur & de magnificence, n'ont pas vu sans souffrir, un assemblage monstrueux de tant de beautés & d'édifices privés, & ont formé &

& forment encore le fouhait de voir la deftruction de ces derniers. M. le Com.⁻ de Falckenftein parut fâché de voir que l'on avoit bâti jufques dans l'intérieur de ce fuperbe Monument.

De l'amphithéâtre il fe rendit encore à pied avec les mêmes perfonnes qui l'y avoient accompagné, à la Maifon carrée ou le Temple de Caïus & Lucius Céfar. Cet Edifice eft regardé avec raifon comme un chef - d'œuvre de fculpture, à caufe des magnifiques ornemens dont il eft enrichi. En effét on ne peut rien trouver de comparable à la beauté de ce Monument. Il forme un quarré long, ifolé, qui lui a fait donner le nom de Maifon quarrée. Il a douze toifes de longueur, en y comprenant le veftibule. L'intérieur ou l'aire proprement dite de l'Edifice, n'a pas plus de huit toifes de longueur, fix de largeur & autant d'élévation.

Il régnoit tout autour un foubaffement de pierres de taille, que le tems avoit extrêmement endommagé & auquel on en a fubftitué un autre. Trente colonnes d'ordre Corynthien, canelées, ornent le dehors de cet Edifice. Elles font placées à quatre pieds de diftance l'une de l'autre. On entre dans cet Edifice par un veftibule ou portique ouvert de trois côtés, foutenu par dix colonnes pareilles aux autres, mais ifolées, qui entrent dans le nombre des trente, & dont fix forment la face. Le deffous de ce veftibule étoit entièrement voûté. Ce fouterrein étoit éclairé par des petites ouvertures quarrées, taillées en abat-jour.

La porte de l'Edifice eft quarrée & fort élevée. Elle eft accompagnée de deux beaux pilaftres. Son plan étoit élevé de près de cinq pieds au-deffus du rez-de-chauffée. On y montoit par un perron à douze marches, qui régnoit dans toute la longueur de la façade. L'intérieur prenoit jour vraifemblablement par quelques lucarnes pratiquées dans la charpente supérieure, en forme de descente de cave, ou par tout autre moyen qu'on ignore. Mais il ne faut pas croire que ce Vaisseau fût éclairé par les petites fenêtres quarrées, qu'on voit aujourd'hui en quelques endroits des murs, & qui ont été faites après coup.

On a employé dans cet Edifice différentes sortes de pierres. Celles des gros murs ont été tirées d'une carrière, qui est à Sargnac, Village éloigné de quatre lieues de Nîmes. Les pierres des bases des colonnes sont des mêmes carrières que celles de l'amphithéâtre. Les colonnes & les pierres de l'entablement ont été prises d'une autre carrière, qui est à trois lieues de Nîmes, au-delà du Village de *Fons*, outre *Gardon*, dans un bois de la Terre de Fontanès, appellé *Lens*.

On a long-tems disputé sur la destination primitive de la Maison carrée.

Les sentimens de tous les Savans ont été partagés là-dessus. Mais cet Edifice marque par sa forme & sa structure qu'il étoit un vrai Temple, dont il porte les caractères les plus distinctifs. Il est d'ailleurs de figure quarrée & orné d'un portique ouvert, ainsi que l'étoient la plûpart des petits Temples, & que le sont encore à Athènes ceux de Minerve & de Théfée. Cette diversité d'opinions vient de ce que l'inscription, anciennement placée sur le frontispice du vestibule, ne subsiste plus. Malheureusement toutes les lettres de métal qui la formoient, ont depuis long-tems disparu, & il n'en reste plus que les trous, dans lesquels étoient scellés en plomb les crampons qui servoient à les y retenir. Rien n'étoit si difficile dans cet état, de parvenir à interprêter les restes de l'inscription, parce qu'en outre les trous se trouvent trop multipliés. Ceux que le tems & la dégradation des pierres ont caufés, étant confondus avec ceux que la main de l'Ouvrier y a fait, on n'en pouvoit venir à bout qu'en contretirant exactement ces derniers trous. Plufieurs avoient tenté inutilement de déchiffrer cette infcription; mais enfin en 1758, M. Mefnard, réfolu de confommer cette importante tentative, fit confentir les Confuls de Nîmes, pour la faciliter, à faire conftruire un échaffaudage, afin de prendre l'empreinte des trous & les contretirer avec foin. M. Seguier, qui avoit déjà effayé, mais inutilement, avant fon départ pour l'Italie, de découvrir cette infcription, avec une lunette d'approche, étant feulement placé au bas de l'Edifice, s'offrit en bon patriote de faire lui-même cette empreinte.

Il prit l'empreinte & contretira les trous dans le mois d'Août de la même année, & avec le plus grand fucces, sur des feuilles de papier de la même hauteur que la pierre. Il communiqua son travail à l'Académie des Inscriptions & Belles-Lettres de la Ville, qui n'eut pas de peine à croire que l'inscription découverte étoit la véritable, & qui, d'après une vérification des Commissaires qu'elle avoit nommés, adopta de nouveau le résultat exact des opérations de M. Seguier. Voici ce que porte cette inscription.

C. Cæsari. Augusti. F. Cos. L. Cæsari. Aug. F. Coss. designato. Principibus Juventutis.

M. Seguier eut l'honneur d'expliquer à M. le Comte de Falckenstein, la manière dont il avoit procédé à sa découverte, ainsi que les lettres & les mots employés dans l'inscription, le sujet de la Dédicace de ce Temple & sur quel fondement son sentiment étoit appuyé.

Je vais rapporter l'histoire de cette Dédicace. L'Empereur Auguste voulant assurer l'Empire à Caïus & Lucius César, dont il s'agit ici, qui étoient fils de M. Vipsanius Agrippa & de Livie fille d'Auguste & de Scribonia, les adopta tous deux, l'année même de la naissance de Lucius. Caïus-Julius César avoit à peine atteint sa quatorzieme année qu'il fut désigné Consul, l'an de Rome 748, mais pour n'entrer que cinq ans après dans le Consulat. Ces cinq années ne devoient commencer, que du jour qu'il auroit quitté la robe prétexte pour prendre la robe virile, cérémonie qui fut faite le premier de Janvier de l'an 749. Outre cela, l'année même qu'il avoit été désigné Consul, il fut déclaré Prince de la Jeunesse, titre brillant qui mettoit les enfans de César à la tête de la jeune Noblesse, c'est-à-dire de l'Ordre des Chevaliers. Lucius César ne tarda pas à recevoir le même honneur, auquel Auguste en ajouta d'autres, en lui donnant la robe virile.

Il le désigna Consul, aux mêmes conditions imposées à son frère. Les cinq années furent expirées l'an 754. Caïus César fut alors revêtu de la dignité de Consul. Les Habitans de Nîmes érigerent à cette époque le Temple dont il s'agit, à ces deux Princes. L'inscription le prouve évidemment.

Cet Edifice n'étoit qu'un Temple honorifi[...] consacré à la gloire de ces Princes. Il ne doit pas présenter l'idée d'un Culte Divin, que l'on ne leur rendit jamais. Le but des Habitans de Nîmes, en leur élevant ce Temple, étoit de plaire à l'Empereur Auguste, porté de la plus tendre affection pour ses deux enfans adoptifs. Mais ces deux Princes moururent peu de tems après, Lucius à Marseille & Caïus à Lymire, Ville de la Lycie, contrée de l'Asie, Il faut croire que le Temple, érigé par la Colonie de Nîmes en leur honneur, fut après leur mort le lieu où se renouvellerent vraisemblablement toutes les années, les hommages publics qu'elle dût rendre à leur mémoire.

Cet Edifice est très-bien conservé. Il est étonnant que les Barbares l'aient ainsi respecté. Il changea de destination & devint un Hôtel-de-Ville vers le onzieme ou douzieme siècle. Les réparations qu'on fit alors, pour rendre ce lieu propre à l'usage de la Communauté, ébranlerent cet Edifice & penserent entraîner sa ruine. Il passa ensuite à un particulier nommé Pierre Boys, qui donna en échange à la Ville une vieille maison qu'il avoit dans le quartier, & dont on fit un nouvel Hôtel-de-Ville. Un pareil échange a bien lieu de surprendre. Il paroît par le changement de tant de Maîtres successifs de ce chef-d'œuvre, qu'on en fesoit bien peu de cas, & qu'on n'honoroit pas davantage les Arts. De Pierre Boys cet Edifice passa aux Seigneurs

gneurs de Saint-Chatte, de la famille de Brueis. Sous ceux-ci cette superbe Maison eut un sort des plus ignobles. Elle servit long-tems d'écuries. Enfin Felix Brueis de Saint-Chatte la vendit en 1670 aux Augustins.

Colbert voulant embellir Versailles & Paris, imagina de faire transporter cet Edifice dans la Capitale. On envoya à Nîmes des Architectes à ce dessein. On s'étoit proposé de numéroter chaque pièce & de les arranger ensuite dans le même ordre ; mais le transport fut trouvé impossible. Les Augustins ont fait depuis réparer cet Edifice & obtenu par un Arrêt du Conseil en 1672, la permission d'y bâtir une Eglise & leur Monastère auprès ; mais à condition de ne rien détruire de l'ancien Edifice.

Leur Eglise est bâtie dans l'intérieur. Le souterrein du portique sert de caveau pour inhumer les particuliers. On n'a rien négligé depuis pour fortifier la Maison carrée & pour en perpétuer la durée. Toutes les colonnes & l'extérieur ont été réparés. On a recouvert par un mur de pierre l'ancien soubassement, qui régnoit tout autour. L'on a fait un nouveau perron composé de dix marches. On y plaça en 1689 une seconde Inscription latine, conçue en ces termes :

Ludovicus Magnus
Hanc Ædem, arte & vetuflate conspicuam
Labentem restituit ;
Profanam Sacris addixit ,
Cura & studio
Nicolai de Lamoignon per Occitaniam Præfecti.
Anno Domini M. DC. LXXXIX.

Quelques années après on abattit toutes les maisons qui étoient contiguës à l'Edifice & qui le masquoient entièrement, & de peur que les eaux pluviales ne vinssent à la longue endommager les murs de cet Edifice & en causer la ruine, on fit couvrir de plomb en 1714 toute la corniche de l'entablement. Il est certain qu'on ne sauroit prendre trop de précautions pour conserver cet Edifice, qui sera à jamais l'admiration des Connoisseurs. Le Cardinal Alberoni, passant à Nismes en 1720, dit en voyant cette magnifique Maison, qu'elle méritoit d'être conservée avec un étui ou enveloppe d'or.

D'après cela il paroîtra sans doute bien étonnant, que dans un siècle tel que celui de Louis XIV & sous un Ministre capable d'apprécier ce qui étoit vraiment beau, & en avoir même donné des preuves au sujet de cet Edifice, on ait permis à des Religieux de bâtir dans un pareil emplacement, à moins qu'on n'ait voulu par-là faire triompher la Religion Chrétienne, en substituant le Culte du vrai Dieu à celui d'une Divinité profane. Quoi qu'il en soit, il n'est pas douteux que ce lieu doive être rétabli, autant qu'il sera possible, dans son premier état. Les Arts sont trop intéressés à une pareille réintégration pour tarder plus long-tems à la différer. Je ne dirai qu'un mot à ce sujet; M. le Comte de Falckenstein en sortant de ce magnifique Edifice, dit, qu'il aimoit les Eglises, mais qu'il étoit fâché de ne pas aimer celle-là.

Il alla ensuite visiter le Temple de la Fontaine, autrement appellé le Temple de Diane. Il en fit l'examen assez rapidement, ainsi que des ouvrages faits en ce lieu, à cause du concours du Peuple, qui étoit si grand, que M. le Comte de Falckenstein en étoit presque foulé.

Il y a différentes opinions sur la consécration de ce Temple. Celle qui doit paroître la plus vraisemblable, est que ce Temple étoit une espèce de *Panthéon* consacré à certaines Divinités adorées, soit par les Habitans de Nîmes, soit par les Volces Arécomiques, dont cette Ville étoit la Capitale. Le Réduit ou la Chapelle, que l'on voit dans le fond de ce Monument, renfermoit sans doute la statue du Dieu auquel le Temple étoit principalement consacré, & les douze niches, placées dans les colonnes & aux côtés de la porte d'entrée, étoient ornées de celles des différentes Divinités, dont le culte étoit reçu par les Peuples Arécomiques. Il faut mettre au rang de ces Divinités, celles dont le tems a conservé le nom sur un fragment d'inscription que l'on a trouvé sur ce Temple, dont voici les mots :

Isis . . . . . Serapis, Vesta, Dianæ, Somni,

qui veulent dire : Isis, Serapis, Vesta, Diane & le Dieu du Sommeil. Cet usage de réunir ainsi plusieurs Dieux, sous la Dédicace & le culte principal d'un seul, est connu dans l'Antiquité.

Il y a lieu de croire que le Temple de la Fontaine aura été le Panthéon de Nemausus, qui fut le Dieu que les Habitans de Nîmes révéroient comme le Dieu Tutelaire & Fondateur de leur Ville. Cette opinion eſt appuyée ſur diverſes inſcriptions trouvées de nos jours, en fouillant la terre autour de la Fontaine, leſquelles ſont conſacrées au Dieu Nemauſus.

Ce Temple doit avoir été bâti par les Romains & dans des ſiécles de bon goût. Ce qui le prouve, c'eſt l'ordre compoſite qui y regne; ordre inventé par ces Peuples, mais qui ne fut mis en uſage dans l'Architecture, qu'après qu'Auguſte eût pacifié l'Univers & ſe rapporte à-peu-près vers le milieu du règne de ce Prince. Il ſervit aux ſuperſtitions idolâtriques des anciens Habitans de Nîmes, tant que le Paganiſme ſubſiſta parmi eux. Mais il fut conſacré au vrai Dieu, dès que la foi de l'Evangile eût pénétrée dans ces contrées. Cette Egliſe paſſa depuis aux Religieuſes de Saint Benoît, qui furent fondées en 991. Le bâtiment ſe ſoutint & fut conſervé tout entier juſques vers le milieu du seizieme siècle. Il fut ensuite exposé aux revers & vicissitudes du tems & aux ravages des Guerres civiles. Les Religieuses l'abandonnerent en 1562. Il fut livré alors à des Fermiers, qui s'en servirent à différents usages. On y mit même le feu, qui endommagea extrêmement toute la partie du devant de l'Edifice. L'année suivante les Habitans, la plûpart Protestans & qui favorisoient ce parti, démolirent ce Temple par moitié. Ils en renverserent toute la partie méridionale & abattirent plus de la moitié de la voûte, afin d'ôter au Maréchal de Bellegarde, qui étoit à la tête des Troupes Catholiques, les moyens de se porter dans le Temple, très-propre par la solidité de ses murs & sa structure, à être fortifié. Enfin en 1622, ceux qui avoient le prix fait du revêtement des bastions de la Ville, continuerent à le dégrader &

L iv

le mirent en l'état où nous le voyons aujourd'hui.

Il ne reste presque plus que de tristes masures de cet ancien Edifice, autrefois si superbe & si magnifique. La voûte de l'intérieur est à moitié détruite ; de deux allées de galeries dont l'Edifice étoit accompagné, il ne reste que celle regardant le Septentrion, qui est même fort dégradée. Du mur de façade il ne reste plus que le pan de la porte d'entrée ; & de celle de l'allée Septentrionnale toute la partie exposée au Midi est détruite. Les réparations & les ouvrages que l'on a faits à la Fontaine en ont occasionné la destruction. On a réparé les endroits de l'Edifice les plus endommagés. Enfin on a construit un mur dans la partie méridionale, qui sert de clôture au Temple & qui le met à l'abri des dégradations.

Ce Temple est bâti sur les bords de

la Fontaine & aux pieds d'un rocher, qui étoit anciennement enclavé dans l'enceinte de la Ville. C'eſt ſa ſituation qui a fait croire qu'il étoit conſacré à Diane. On ſait que cette Déeſſe étoit ſingulièrement honorée dans les bois & près des Fontaines. Cet Edifice eſt d'une belle ſtructure & de forme quarrée. Son architecture eſt d'ordre compoſite. Il eſt bâti de pierres de taille d'une groſſeur conſidérable, tirées de la carrière de *Lens*, dont j'ai déjà parlé. Elles ont près de huit pieds de long, dix-huit pouces de haut & trois à quatre pieds de queue. Elles font placées ſans le ſecours d'aucun ciment, mais par des crampons de fer.

L'intérieur du Temple étoit orné de ſeize colonnes. Il paroît que le pavé étoit de moſaïque, ainſi qu'on l'a reconnu en 1745, à l'occaſion des nouveaux ouvrages de la Fontaine. Au fond il y a une eſpèce de réduit, qui ſervoit à placer la principale Divinité, avec un autel au bas. Ce réduit est formé par quatre pilastres.

Quant à la Fontaine, qui est au voisinage de ce Temple, elle a été réparée de nos jours, & l'on y a fait différents ouvrages, dont la dépense a été beaucoup plus forte que la grandeur des objets. Ils se réduisent principalement à des lavoirs pour le linge & à des bassins pour les soies.

Il paroît par différents vestiges, qu'il existoit à Nîmes un Capitole, à l'imitation de celui de Rome, ainsi qu'un Temple ou une Basilique de Plotine (car ces deux mots sont synonimes) qu'Adrien, Empereur, qui lui devoit l'Empire, lui fit élever comme à sa Bienfaitrice. Ainsi il y a lieu de croire que ceux qui ont pensé que cet Empereur lui avoit fait bâtir un Temple & une Basilique, l'un du vivant de cette Princesse, l'autre après sa mort, se sont trompés.

On ne doute pas qu'il y eût aussi

à Nîmes, suivant diverses inscriptions trouvées dans cette Ville, un Temple d'Apollon, un d'Auguste, un autre d'Isis & de Serapis. Mais un monument, de l'existence duquel on a encore plus de certitude, c'est *la Tourmagne*, Tour superbe, qui ne présente plus que des débris & dont il ne reste que treize toises de hauteur. Le pied en est comblé en dehors d'environ deux toises. Les montées & l'escalier sont abattus, de sorte qu'on ne peut plus y monter qu'avec le secours d'une échelle. Il ne reste d'ornemens qu'un pan vers le Midi.

Il y a eu différents sentimens sur la destination de cet Edifice, dont la situation, la fabrique, son élévation sur le lieu le plus éminent de la Ville, fournissent une preuve incontestable, que cette Tour ne fût construite que pour découvrir les ennemis & donner des avis aux Villes & Bourgades voisines, pendant le tems des

Guerres & de trouble, par le moyen du feu qu'on allumoit deſſus. Cette opinion eſt d'autant plus vraiſemblable, que l'uſage de donner des ſignaux par le moyen du feu, ſe pratiqua dans tous les tems les plus reculés, & que cette coutume paroiſſoit alors ſi ſage & ſi utile au repos des Peuples & des Villes, dont Nîmes étoit la Métropole. La preuve de la vérité de cette opinion ſe tire encore de l'eſcalier de cette Tour, qui ne fut fait que pour conduire à ſon ſommet, & non dans les autres parties, toutes entièrement fermées. Celle d'en haut eſt la ſeule qui ſoit ouverte ; ce qui démontre qu'il n'y avoit que le ſommet qui fût de quelqu'uſage, & qui n'étoit autre que celui dont je viens de parler.

L'époque de la conſtruction de cet Edifice doit être fixée au tems, où les premiers Romains vinrent s'établir à Nîmes. Il eſt vraiſemblable que Charles Martel, en mettant le feu à l'amphithéâtre, pour se venger des Habitans de Nîmes, n'épargna pas non plus la Tourmagne, & que ce fut lui qui porta les premiers coups de destruction à cet Edifice, que les François réparèrent ensuite & fortifièrent même en divers tems. Mais depuis la Paix de 1629, entre les Protestans & les Catholiques, les fortifications de cette Tour furent détruites, & l'Edifice resta comme on le voit aujourd'hui.

M. le Comte de Falckenstein après avoir satisfait sa curiosité sur ces divers Monumens de la Ville de Nîmes, & donné les plus grands éloges à M. Seguier, prit congé de la compagnie & monta en voiture sur les sept heures du soir, pour se rendre à Marseille. Les chaleurs excessives qui se font sentir dans la Provence, durant les mois de Juin, Juillet & Août, font trouver aux Voyageurs les heures de la nuit plus propres à entreprendre une longue route. Notre illustre Etranger marcha toute la nuit, soit pour se soustraire aux incommodités de la chaleur, soit plutôt pour gagner du tems. Il arriva à Orgon, petite Ville de la Provence, le lendemain 2 Juillet, à une heure du matin, & changea de chevaux chez M. Bonnaud, Maître de Poste. Comme on étoit prévenu de sa prochaine arrivée, il se trouva au relai une foule de curieux. M. le Comte de Falckenstein s'arrêta environ une demi-heure à Orgon, causa avec la plus grande affabilité avec toute la famille du sieur Bonnaud, dit mille choses agréables à toutes les Dames qui s'y trouverent, ne but qu'un verre d'eau & continua sa route.

Il passa par Lambésc, qui est une petite Ville & une Principauté appartenante à un Prince de la Maison de Lorraine (le Grand Ecuyer) & où se tient chaque année l'Assemblee de la Province. Il arriva à Aix, qui en est la Capitale, sur les six heures du matin, changea de chevaux & partit l'instant d'après, sans être même descendu de voiture.

Aix, (*Aquæ Sextiæ*) est une Ville ancienne, qui tire son nom de ses eaux & de Caïus Sextius son Fondateur. Elle est le siége du Parlement de la Province. Ce qu'on voit de remarquable dans cette Ville, c'est le Cours, qui est une très-longue promenade, dont le pourtour est orné de très-beaux édifices, & l'intérieur de plusieurs Fontaines d'eaux naturellement chaudes & d'autres froides, & de différentes allées d'arbres, dans l'une desquelles, qui est celle du milieu, on peut se promener commodément en voiture; les autres servent aux gens de pied. MONSIEUR, à son retour de Marseille, passa dans cette Ville & y coucha. Les Habitans d'Aix signalèrent son arrivée par des transports de joie & des Fêtes. Ils illuminèrent tous les arbres du Cou... ...ec des lampions. Un vent furieux & qui domine dans la Provence, vint à fouffler; le feu prit aux arbres, qu'on eut de la peine à éteindre, & dont ces arbres ont été fort endommagés. Cet accident penfa troubler très-férieufement l'allégreffe publique.

M. le Comte de Falckenftein s'arrêta au *Pin*, qui eft une Pofte à moitié chemin d'Aix à Marfeille, pour changer de chevaux. Il fit l'honneur à Madame Jubelin & à fon Epoux, Maître de la Pofte, deux perfonnes auffi honnêtes qu'aimables & bien élevées, de prendre avec eux du chocolat. Il s'entretint familierement avec eux, & dirigea enfuite fa route vers Marfeille. Mais ayant appris que MONSIEUR étoit encore dans cette dernière Ville; & voulant arriver à Toulon avant lui, il fe propofa de ne pas s'y arrêter pour le moment. Dans ce deffein il mit pied à terre à *Aren*, qui eft un petit Fief, fitué à un quart de lieue de

Marseille, sur le bord de la Mer & envoya prendre des chevaux frais. Cette circonstance doit rendre ce lieu à jamais célèbre & trouver une place dans nos fastes, avec autant de raison que les Annales des Nations nous ont transmis les noms des lieux où des grands Personnages, tels que César, Pompée, Alexandre, &c. n'ont fait seulement que passer. On s'imagine aisément quel devoit être en cet endroit, situé sur une grande route, le concours des spectateurs, consistant principalement en Paysans & autres Habitans des maisons des campagnes voisines, autrement appellées *Bastides* dans le Pays, & dont le nombre est aussi considérable que celui des maisons de la Ville & embrasse un circuit de plus de quatre lieues.

M. le Comte de Falckenstein, en attendant ses chevaux sur cette Plage, s'entretint avec plusieurs de ces Paysans. Il demanda à boire de l'eau. On lui en apporta une cruche pleine avec un verre; mais il but fans autre cérémonie à la cruche. Comme tous tenoient leur chapeau bas, M. le Comte de Falckenftein leur demanda pourquoi ils étoient ainfi. Un Voiturier, appellé *le beau Payfan*, qui étoit du nombre des fpectateurs, lui répondit, qu'ils demeureroient découverts tant que *Son Alteffe Impériale* refteroit-là. M. le Comte de Falckenftein lui demanda comment il le connoiffoit. A quoi celui-ci répondit qu'il l'avoit vu, il y avoit huit ans, à Florence. M. le Comte de Falckenftein lui répliqua qu'il difoit vrai; puis il caufa encore quelque tems avec lui & les autres, récompenfa généreufement celui qui lui avoit apporté à boire & exerça envers tous fes libéralités. Les chevaux ne tardèrent pas d'arriver de Marfeille, M. le Comte de Falckenftein monta alors dans fa voiture pour fe rendre à Marfeille, qu'il traverfa feulement, & de-là à Toulon, qui en est éloigné de quatorze lieues.

Il arriva dans cette dernière Ville entre trois & quatre heures de l'après-midi. Son premier Postillon étoit entré par la porte Saint-Lazare. M. de Coincy, Commandant de la Place, se rendit alors à cette Porte pour le recevoir; mais après une heure d'expectative, on vint l'avertir que M. le Comte de Falckenstein étoit entré par la Porte royale. A son arrivée le Commis des Fermes du Roi à cette porte, gardée par un Sentinelle, avoit fait arrêter la voiture pour la visiter & s'étoit présenté à M. le Comte de Falckenstein, en observant la formule accoutumée. L'illustre Etranger voyant que le Commis vouloit faire sa besogne, lui fit présenter les clefs de ses malles, en lui déclarant son nom (le Comte de Falckenstein) que ce Commis lui avoit demandé poliment, nom qui lui étoit étranger. Le Sentinelle dans cet instant s'approche par curiosité & demande à l'Employé, qui font ces Meſſieurs ? Celui-ci répondit M. le Comte de Falckenſtein. Ce Soldat, plus au fait des nouvelles du jour, s'écria: Quoi ! c'eſt l'Empereur. Le Commis alors tout confus & humilié, commence à s'excuſer & perd contenance. Il fallut, pour le raſſurer, toute la douceur de M. le Comte de Falckenſtein qui lui dit, qu'il n'avoit pas lieu d'être indiſpoſé contre lui, de ce qu'il avoit fait ſon devoir. Il s'informa enſuite de ce Commmis de l'Auberge du Bras d'or, où il croyoit aller loger (c'étoit une mépriſe de la part de l'illuſtre Etranger, qui confondoit la Croix d'or avec le Bras d'or). L'Employé lui répondit reſpectueuſement, que l'Auberge du Bras d'or n'étoit pas propre pour lui. *N'importe; j'y logerai*, dit M. le Comte de Falckenſtein. Les voitures continuoient leur route & s'approchoient du Bras d'or, quand M.

le Comte de Falckenstein reconnut son erreur. Il fallut rétrograder, pour aller descendre à la Croix d'or, d'où M. de Coincy avoit déjà ordonné de faire sortir toutes les personnes qui y étoient logées.

Après que M. le Comte de Falckenstein eût pris quelques momens de repos dans cette Auberge, le Marquis de Saint-Aignan, Commandant de la Marine & M. de Coincy, qui avoient eu ordre de se présenter seuls à M. le Comte de Falckenstein, sans être accompagné d'autres personnes, pour prendre ses ordres, se rendirent à la Croix d'or. Il les accueillit, & leur demanda dès cet instant d'aller se promener dans l'Arsenal & dans le Port.

C'est à Toulon que Henri IV fit commencer le rétablissement de notre Marine, en fesant élever deux moles de sept cents pas de longueur, pour envelopper le Port. La Marine fut peu connue sous la premiere Race de nos Rois. Charlemagne lui donna quelqu'importance & la fit servir de barrière aux inondations du Nord. Ses Successeurs ne la soutinrent pas dans cet état & la négligèrent. Elle commença à se ranimer sous le premier des Philippes, & ne jetta que quelques étincelles sous ses Successeurs jusqu'à François I. Henri IV entreprit de la ressusciter; mais les orages des Guerres civiles arrêtèrent ses progrès. Richelieu développa le projet de ce Monarque, fit construire le Port de Brest & parvint à la faire redouter par toute l'Europe. Enfin Louis XIV la fit monter à ce degré de gloire & de puissance où on la vit en 1680, 1681 & 1682. Le même Ministre de ses Finances, dont le génie embrassoit toutes les parties du Gouvernement, seconda ses vues. On mit alors tout en œuvre pour perfectionner les Ports de Toulon & de Brest ; ceux de Rochefort, de Dunkerque & du Havre furent couverts de Vaisseaux. Plus de cent Vaisseaux de ligne, la plûpart montés de cent canons, semblerent sortir du sein des eaux. Les plus grands Capitaines qui les commandoient, donnerent bientôt l'empire de la Mer à la France. Sa Marine à la vérité ne s'est ainsi montrée que quelque tems dans cet état de prééminence ; mais comme elle a dans son sein les sources de sa puissance, elle disputera toujours aux autres Nations l'empire de la Mer. C'est à un Ministre (*) zélé pour la gloire de sa Patrie, & à un Prince qui, jeune encore, se montre déjà le digne soutien de son Trone & porte ses regards sur les Flottes nombreuses qui couvrent nos Ports, qu'il appartient de mettre aujourd'hui tout en œuvre, pour rendre du moins notre Marine toujours

---

(*) M. de Sartine, Ministre & Secrétaire d'État, ayant le Département de la Marine.

respectable, si le tems n'est pas encore arrivé, pour en faire voir la supériorité.

Louis XIV fit augmenter les Fortifications de Toulon, après que cette Ville eût repoussé les efforts du Duc de Savoie & de la Flotte Angloise & Hollandoise en 1707. Le Port de cette Ville est le plus beau & le plus sûr des Côtes de France, étant à couvert de tous les vents par les hautes montagnes qui environnent la Ville. La rade est fort grande & très-assurée. Au fond de cette rade est le grand Port de la Ville, divisé en deux : le plus grand, qui est auprès du grand Arsenal, est pour les Vaisseaux du Roi : l'autre est pour les Vaisseaux Marchands. Ces deux Ports sont enfermés dans l'enceinte de la Ville & défendus par ses canons, placés sur les remparts, qui les bordent par dehors du côté de la rade, en forme de bastions.

M. le Comte de Falckenſtein s'embarqua avec les Commandans de la Marine & de la Place & les Seigneurs de ſa ſuite, dans un Canot qui l'attendoit au vieux Port, vis-à-vis de l'aſſemblée des Officiers. Il vit de ce Canot, à la vieille Darſe, les deux rangs des Vaiſſeaux du Roi. Il ſortit de-là par la vieille chaîne, pour jetter un coup-d'œil ſur la petite rade, & voir l'Eſcadre qui y mouilloit, ainſi que les Fortifications extérieures du côté de la Mer. Il rentra enſuite par la chaîne neuve dans la nouvelle Darſe, où il débarqua, pour viſiter l'Arſenal.

C'eſt Louis XIV qui a établi ce magnifique Arſenal de Marine, une des plus belles choſes que l'on puiſſe voir, pour l'économie & la diſtribution des Bâtimens, & la multitude de tous les inſtrumens propres à monter & armer les Vaiſſeaux. On y remarque une Salle d'armes, à laquelle il eſt impoſſible de rien trouver de comparable en ce genre. M. le Comte de Falckenstein sortit de l'Arsenal à huit heures, & alla voir ensuite l'appareil disposé pour la mise à l'eau du Vaisseau *le Caton*, de soixante-quatre canons.

Le lendemain 3, sur les onze heures du matin, il vint avec le Commandant & deux Officiers Généraux de Marine, s'embarquer dans un Canot, qui l'attendoit à l'Arsenal, pour aller visiter à Saint-Mandrier le *Lazaret*, qui est l'endroit où les Vaisseaux arrivés du Levant font quarantaine. Il passa devant les Galères du Roi, & voulut visiter l'Hôpital des Forçats, quoique le Marquis de Saint-Aignan & le Chevalier de Fabri lui représentassent, qu'il n'y avoit dans cet asyle que des mauvaises odeurs. Il trouva qu'ils disoient vrai, & que ce lieu étoit aussi désagréable que funeste aux malheureux qui y venoient recouvrer leur santé, où certainement ils ne peuvent pas trouver d'adouciſſemens à leurs maux.

A midi & demi il rentra dans le Port, pour y voir le plus gros Vaiſſeau *le Languedoc*, de quatre-vingt canons, & vint enſuite au Baſſin, que le ſieur Grogniard, Ingénieur & Conſtructeur de la Marine, fait conſtruire pour radouber les Vaiſſeaux. Cet Ingénieur ſe préſenta à M. le Comte de Falckenſtein, qui le reçut avec bonté. L'illuſtre Etranger voulut s'inſtruire à fond par cet habile Artiſte, des détails de cet ouvrage. M. Grogniard remplit cette tâche à la ſatisfaction générale, & après que M. le Comte de Falckenſtein l'eût écouté attentivement, eût tout vu & tout examiné, il dit à haute voix & avec admiration, qn'il n'avoit jamais rien vu, de ſi grand & qui fut digne d'être comparé à cet ouvrage, ni qui fît plus d'honneur à ſon auteur.

Le lieu ne permit pas au ſieur

Grogniard de pouvoir demontrer plus diſtinctement à M. le Comte de Falckenſtein tous les procédés qui l'avoient conduits à ſon but. Cet Ingénieur pria notre illuſtre Etranger de vouloir bien lui accorder un quart-d'heure dans un autre moment, & de lui permettre de porter chez lui les plans & modèles de toutes ſes opérations, dont il lui développeroit tous les détails. M. le Comte de Falckenſtein daigna en diſpenſer le ſieur Grogniard, en lui diſant qu'il ſeroit bien-aiſe de tout voir chez lui le lendemain.

Ce ſoir-là M. le Comte de Falckenſtein viſita le parc d'Artillerie, & alla à bord d'un chebek en rade.

Le 4, vers les dix heures du matin, il ſe rendit, comme il l'avoit promis chez M. Grogniard, avec les trois perſonnes de ſa ſuite, & le Commandant, le Directeur & le Major Général de la Marine. L'Ingénieur développa devant lui tous ſes plans & modèles, & lui expliqua de nouveau, dans le plus grand détail, toutes fes opérations. La féance dura environ trois heures, dans laquelle il y a lieu de croire qu'on admira autant le jugement & la fagacité de M. le Comte de Falckenftein qui fefoit les queftions, que la clarté & la profondeur avec laquelle l'Artifte fçut les réfoudre. M. le Comte de Falckenftein lui témoigna en fortant fa fatisfaction, en comblant envers lui la mefure des juftes éloges qu'il lui avoit déjà donnés la veille.

Il rentra enfuite à la Croix d'or pour dîner. Sur les trois heures il partit avec M. de Coloredo pour Hyeres, qui eft à deux lieues de Toulon. Cette Ville eft fituée fur le penchant d'une colline & forme un amphithéâtre, d'où l'on découvre la Mer & toute la plaine de fon terroir, qui eft dans une contrée délicieufe, où regne un printems continuel. L'air n'y eft cependant pas trop sain. Ce lieu n'offre de toutes parts que Jardins fruitiers & potagers, dans lesquels sont des forêts de jasmins, d'orangers & de citronniers de toutes les espèces, dont l'odeur se répand à plus de demi-lieue à la ronde, fruits & fleurs, dans lesquels consiste tout le Commerce des Habitans, & d'un revenu considerable à divers particuliers.

Il faut détromper ici un grand nombre de personnes, qui pensent que telle est la douce prérogative de la Provence, de ne former qu'un vaste parterre, ou pour mieux dire un paradis terrestre, tel qu'on en voit un à Hyeres. Si l'on excepte un ou deux endroits de la Provence, autres qu'Hyeres, où l'on trouve les mêmes fruits & fleurs, mais moins délicieux & en plus petite quantité, tout le reste n'offre pas un sol aussi précieux, abondant cependant beaucoup en vignes & en oliviers, qui s'accommodent mieux de la sécheresse du climat & des ardeurs du Soleil. Cet Astre y réduit pendant l'été tout en poussière, dont les campagnes sont couvertes, sur-tout celles qui sont exposées sur les chemins publics, de sorte que le séjour de la Provence est plus agréable dans les trois autres saisons que dans celle de l'été.

Ce qui excite l'attention des curieux à Hyeres est une ancienne Tour, qu'on dit avoir appartenu aux Templiers, au bas de laquelle est une Chapelle voûtée & au-dessus une longue & magnifique terrasse, où l'on monte par un escalier pratiqué dans l'épaisseur du mur, qui est d'une structure si admirable, qu'il semble n'être fait que d'une seule pièce.

C'est à rade d'Hyeres, l'une des plus grandes & des plus sûres de la Méditerranée, que les Vaisseaux du Roi vont ordinairement mouiller en sortant de la rade de Toulon. Elle a plus de quinze mille de largeur sur vingt-cinq mille de longueur.

M. le Comte de Falckenstein, après avoir parcouru cet agréable lieu & satisfait sa curiosité sur les différents objets intéressants qn'il renferme, retourna à Toulon le même jour. A son arrivée sur les sept heures, & dans le tems que tout le monde se préparoit à voir l'entrée de Monsieur dans cette Ville, il alla du même pas visiter le Fort *la Malgue*, qui défend la grande rade & l'entrée de Toulon, où le Postillon le conduisit. S'étant présenté à la porte du Fort où l'on n'attendoit pas dans cet ██████ visite, accompagné de M. de Coloredo & d'un seul Domestique, le Sentin██ leur dit qu'on n'y entroit pas san█ ermission. M. le Comte de Falckenstein demanda le Commandant, qui ne s'y trouva point, étant à la Ville pour recevoir

Monsieur. Alors M. le Comte fit avertir le Chef de la Garde. Sur cette demande, le Sergent se rendit à la porte du Fort, où le Laquais de M. le Comte de Falckenstein lui avoit dit qu'il y avoit des Messieurs qui desiroient lui parler. Le Sergent y trouva en effet M. le Comte de Falckenstein & M. de Coloredo, habillés fort simplement & même sans épée, circonstance qui ne donna pas lieu à ce bas-Officier de soupçonner que ces personnes, qui lui demandoient l'entrée, fussent de quelqu'importance, & auxquelles il répondit, qu'on n'entroit pas sans une permission par écrit. *Mais les honnêtes gens n'entrent-ils pas ?* dit M. le Comte. — Oui. — *Eh bien*, repliqua M. le Comte, *Soyez persuadé que nous sommes des honnêtes-gens & de bonne famille.* — Je le crois, répondit le Sergent; mais votre nom, s'il vous plaît. — *Le Comte de Falckenstein.* Alors un Chanoine de la Ville, qui avoit été présent à cette contestation, s'approcha du Sergent, & lui dit tout bas : c'est l'Empereur. On imagine bien qu'on ne disputa pas davantage l'entrée à cet Etranger.

M. le Comte de Falckenstein demanda au Sergent qu'il le conduisît au point de vue. Il monta dans ce lieu, sur le cavalier, & après un quart-d'heure d'observations, il dit : *voici une fournaise de bombes*. Il apperçut des Prisonniers qui étoient aux fenêtres ; il s'informa qui étoient ces gens-là ; & comme on lui répondit que c'étoient des Corses, il leur parla Italien, & leur demanda quel étoit le sujet de leur détention. Un d'eux qui ignoroit qui étoit celui qui lui fesoit cette question, répondit : un pur fanatisme nous a conduit ici. *Soyez tranquille*, lui dit en Italien M. le Comte de Falckenstein, *vous avez affaire avec un bon Roi, il ne vous oubliera pas*. Il avoit en même-tems l'attention d'expliquer au Sergent en

François ce qu'il venoit de dire dans cet idiôme étranger.

Au sortir du Fort, il récompensa le Garde ; & après avoir demandé s'il étoit permis de faire l'aumône à ces Prisonniers qu'il venoit de voir, il remit une certaine somme entre les mains du Sergent, pour la leur faire distribuer. M. le Comte de Falckenstein ayant vu le lendemain M. de Coinci, lui dit: *Je vous ai fait un larcin, j'ai visité le Fort, sans vous prévenir.* A quoi le Commandant répondit, qu'il n'attendoit pas sa visite à l'heure à laquelle il s'étoit rendu au Fort. Il ajouta tout ce qu'on pouvoit dire dans une pareille circonstance, & sur-tout que, depuis huit jours, son frère & lui n'avoient pas ôsé sortir du Fort, afin de l'y recevoir.

Du Fort *la Malgue*, M. le Comte de Falckenstein se rendit chez la Princesse d'Orne, où d'une fenêtre il vit arriver MONSIEUR, fur les neuf heures du foir, à la clarté des flambeaux & au bruit de toute l'Artillerie. Ce Prince avoit été reçu hors de la Ville par le Corps Royal de la Marine, ayant à fa tête le Marquis de Saint-Aignan. Les Troupes de Terre bordoient la haie, depuis la Porte Royale, où le Commandant de la Place & les Confuls l'attendoient, jufqu'à l'Hôtel du Marquis de Saint-Aignan, où MONSIEUR defcendit.

Dès l'arrivée de ce Prince, M. le Comte de Falckenftein alla lui faire une vifite, qui dura près d'une heure & fe paffa fans témoin. Le lendemain matin il fe rendit encore chez MONSIEUR, avec lequel il paffa quelques inftans. Il avoit encore defiré de s'entretenir avec le même fieur Grogniard, qui s'étoit rendu chez lui, dès huit heures du matin, fur fes invitations. Cet habile Ingénieur eut l'honneur de satisfaire à toutes ses questions, & reçut en le quittant de nouvelles marques de son estime & de sa bienveillance, auxquelles M. le Comte de Falckenstein ajouta, pour preuve de son admiration pour ses talens & ses lumières, une magnifique boëte d'or émaillée, qui lui fut remise en son nom par le Comte de Belgiojozo. On assure que M. le Comte de Falckenstein a dit très-ouvertement, étant à Toulon, que M. Grogniard étoit un des trois hommes de France qui l'avoient étonné par leurs talens. Mais on ne cite pas quels sont les deux autres.

Sur les dix heures, M. le Comte de Falckenstein se rendit à l'Arsenal, pour voir mettre à l'eau le Vaisseau *le Caton*. Le Chevalier de Fabri l'ayant apperçu dans le Parc, l'alla joindre. Ils firent ensemble le tour du Vaisseau, qui étoit encore sur le chantier. M. le Comte de Falckenstein dit ensuite à M. de Fabri; Monsieur *va arriver, allez le recevoir.* Et en effet, Monsieur entra bientôt dans le Port, & fut falué par l'Artillerie & la moufqueterie de l'Amiral & de l'Efcadre. Après avoir fait le tour du Vaiffeau, pour voir de près les premieres manœuvres, Monsieur alla fe placer à un amphithéâtre, & M. le Comte de Falckenftein auprès de lui. A l'inftant que le Vaiffeau alloit partir, on demanda le fignal à Monsieur, qui fe tourna vers M. le Comte & lui dit: *Ordonnez.* M. le Comte répondit, *c'eft à vous.* Après ce petit combat de politeffe, Monsieur donna le fignal, & le Vaiffeau marcha. Monsieur & le Comte de Falckenftein applaudirent beaucoup à l'activité des Ouvriers & aux manœuvres que le Chevalier de Fabri dirigeoit. Ils allerent enfuite vifiter l'attelier de la Corderie, où ils virent commettre un cable. De-là ils pafferent à celui des Forges, & furent fatisfaits du travail qu'on fit en leur préfence. Ils vinrent enfuite au Baffin du fieur Grogniard, où cet Ingénieur eut l'honneur de leur expliquer tous les détails de cet ouvrage, ce qu'il avoit déjà fait devant M. le Comte de Falckenftein.

Monsieur & M. le Comte de Falckenftein fe rendirent après chez ce même Ingénieur, accompagnés de tous les Seigneurs de fa fuite & de tous les Généraux de Terre & de Mer, pour y voir les plans & modèles de fes ouvrages. La féance dura environ trois heures, dans laquelle le fieur Grogniard développa fes belles connoiffances. Monsieur & M. le Comte de Falckenftein y apporterent la plus grande attention. M. le Comte y parut furtout occupé à recommander le filence, afin de fixer celle de toute l'affemblée, & appuya fur tous les objets remarquables. Si le fuffrage d'une fi illuftre Compagnie a été pour le fieur Grogniard une époque glorieuse, les éloges les plus flatteurs, les marques d'estime & de satisfaction de la part d'un Prince auguste, qui daigna le visiter & applaudir à ses talens, & mettre le comble à tant de faveurs par un présent (*) aussi précieux que celui de M. le Comte de Falckenstein, sont encore la récompense la plus noble, comme la plus digne de ses travaux & de ses succès. Le souvenir d'une si belle journée devroit être perpétuée dans les Annales d'une Ville, qui a eu le bonheur de voir dans un même jour, un Prince du plus pur Sang de ses Rois, & un autre, grand par ses vertus, & dont l'alliance avec la France l'honorera à jamais, occupés tous les

---

(*) M. Grogniard a reçu de Monsieur & de M. le Comte de Falckenstein, lors de leur passage à Toulon, deux boëtes d'or émaillées & ornées d'un médaillon. Celle de M. le Comte de Falckenstein étoit encore enrichie de diamans.

deux à s'inſtruire, applaudir au génie & l'encourager par des récompenſes; & d'un autre, de compter parmi ſes Citoyens un homme, dont les travaux & les lumières lui ont mérité de ſi grandes prérogatives.

M. le Comte de Falckenſtein ne mangea pendant ſon ſéjour à Toulon qu'à l'Aubérge de la Croix d'or, aujourd'hui l'Hôtel Impérial & Royal, dans laquelle il donna des preuves de ſa générofité, & dont il récompenſa tous les Domeſtiques. La Servante de l'Auberge s'étant préſentée la dernière, M. le Comte lui dit en riant: *Vous n'aurez que cinq louis, parce que vous m'avez appellé Monſeigneur.* Il partit le 5 à quatre heures après-midi, pour ſe rendre à Marſeille.

MONSIEUR ſéjourna encore juſqu'au 10 à Toulon, où l'on multiplia les Fêtes en ſon honneur. Il aſſiſta à un ſimulacre de Débarquement, & attaque d'un Fort ſoutenu par le feu d'un

Chebek, & se mit même dans la mêlée, pour mieux prendre part à toutes les opérations. On lui donna le 9 du même mois le Combat simulé des Fregates *la Mignone* & *la Flèche*, contre les Chebeks *le Caméléon* & *le Séduisant*, que ce Prince vit de la grosse Tour. Il assista le soir du même jour à un Bal paré, dans la Salle de l'Hôtel-de-Ville. C'est à l'entrée de la grande porte de cet Edifice, qu'on voit deux Termes, ouvrage admirable de Pierre Puget de Marseille, cet homme à jamais célèbre. Enfin ce Prince reçut dans cette Ville tous les honneurs dus à sa Naissance, & fut accueilli par tous les Habitans avec la plus grande joie. Il en partit sans avoir rien laissé échapper de ce qu'elle renferme d'intéressant, en emportant tous les regrets, ainsi qu'avoit fait M. le Comte de Falckenstein. Je reviens à cet illustre Etranger.

Il arriva le 5 sur les onze heures du soir à Marseille, où il étoit attendu, & dont cependant il trouva les portes fermées. Les deux voitures de sa suite avoient devancé la sienne dans cette Ville, & étoient entrées, ce qui fit croire au Portier, qui en ignoroit le nombre, que dans l'une d'elles étoit M. le Comte de Falckenstein. Mais il arriva quelques instans après, & fut obligé de décliner son nom pour avoir l'entrée. L'usage dans cette Ville est d'en fermer les portes à des certaines heures l'été & l'hiver pendant la nuit, après lesquelles on n'entre plus sans permission, qui ne s'obtient pas sans un grand embarras, parce que tous les soirs on porte les clefs chez le Gouverneur ou chez le Maire. Cette circonstance donna lieu à ce Quatrain, dont l'Auteur est M. Guys, Citoyen de Marseille, & de l'Académie des Belles-Lettres, Sciences & Arts de cette Ville, dont j'aurai lieu de parler plus bas.

> Au Vainqueur de Pharsale, à ses fières Cohortes,
> On vit tes Citoyens opposer leurs remparts.
> Marseille ! ô ma Patrie ! au meilleur des Césars,
> Au Conquérant des cœurs, ouvre aujourd'hui tes portes.

On n'ignore pas que cette Ville, alliée des Romains, embrassa le parti de Pompée contre César, & qu'elle refusa de reconnoître celui-ci, même après que le sort des armes eût décidé à Pharsale à qui appartiendroit l'Empire du Monde. Elle refusa d'ouvrir ses portes à César. C'est pourquoi, pour se venger d'elle, ce fameux Conquérant, résolu de la soumettre, y fit mettre le siége par Tribonien. Le contraste des deux Césars dans ces quatre Vers, présente une idée juste que le Poëte a très-bien rendue.

Cette Ville ancienne, fondée l'an

154 de Rome, 599 ans avant J. C. par une Colonie de Phocéens, Peuple d'Yonie dans l'Asie mineure, & depuis devenue si célèbre par ses Victoires & ses Conquêtes, la sagesse de son Gouvernement, l'étendue de son Commerce, l'étude des Arts & des Sciences, qui fut même une Ecole semblable à celles de Rome & d'Athènes, méritoit encore d'ajouter à de si belles prérogatives, celle d'avoir été visitée par le Frère de notre Roi. MONSIEUR y séjourna pendant trois jours. Cet auguste Prince a bien vu qu'elle n'a rien perdue de sa splendeur, toutes proportions gardées entre son Gouvernement actuel (Monarchique) & son ancien (Républicain), sous lequel elle seule prenoit soin de sa grandeur.

Le Commerce de cette Ville, qui embrasse toutes les parties du Monde, attire dans son sein & dans son Port des Etrangers de toutes les Nations

& des Vaisseaux de tous les climats. Cette affluence d'Etrangers, qui se succedent & forment une chaîne sans interruption, rend Marseille fort peuplée & lui donne la vie. On peut s'en convaincre en parcourant le Quai de cette Ville, qui présente le spectacle le plus varié, soit à cause des travaux du Port, soit par le nombre d'individus, que leurs affaires y attirent.

Marseille est divisée en vieille Ville & en Ville neuve. Cette dernière est très-bien bâtie, les rues en sont larges & parfaitement alignées, les édifices assez beaux ; mais dans la vieille V., les rues sont étroites, sales & impraticables par les voitures, parce que cette partie est située sur une colline.

M. le Comte de Falckenstein descendit à l'Hôtel des Princes, situé dans la nouvelle Ville & dans le plus bel emplacement, qu'il avoit fait arrêter pour lui & ses gens. Il y fut reçu par le Marquis de Piles, Gouverneur de la Ville. Le lendemain, qui étoit Dimanche, il monta dans un remife, vêtu de fon uniforme, pour aller entendre la Meffe dans l'Eglife des Carmes déchauffés, où on lui avoit préparé un prie-dieu, dont il ne fit point ufage. Il entendit la Meffe comme le plus fimple particulier.

Il alla après vifiter le Port, accompagné de M. Kick, Conful de l'Empire & de Tofcane. Ce Port eft un des meilleurs de la Méditerranée ; mais il eft petit, & ne renferme guères que des Vaiffeaux marchands. Il ne permet pas aux Vaiffeaux de Guerre d'y entrer. Ceux-ci mouillent à différentes rades, qui font très-fûres & aux Ifles voifines. Le Quai eft une agréable promenade, feulement pendant l'hiver, à caufe de fon expofition au Midi, ornée d'un bout à l'autre de différentes boutiques de Marchands. Il eft fort refferré en divers endroits, principalement dans celui où les Galériens ont dreſſé des échopes, dans leſquelles ils s'occupent durant le jour à différents métiers, qui ne contribuent pas peu à infecter l'air, ſur-tout pendant l'été.

M. le Comte de Falckenſtein parcourut tout ce Quai. Il viſita d'abord l'Hôtel-de-Ville qui y eſt ſitué. Cet Edifice n'offre rien de remarquable dans ſon extérieur que ſa pompeuſe inſcription, gravée ſur une pierre incruſtée à la façade du côté du Midi, qui eſt trop connue pour que je la rapporte. On y admire encore l'écuſſon des Armes du Roi exécuté par Puget, morceau qui eſt un des plus beaux effets du ciſeau de cet Artiſte. Il eſt ſur la porte de la Bourſe, autrement appellée *Loge*, du côté du Quai. La Loge eſt une grande Salle au rez-de-chauſſée de l'Hôtel-de-Ville, qui embraſſe toute ſa longueur. C'eſt le lieu où s'aſſemblent tous les Négocians, à diverſes heures du jour, & y traitent preſque toutes leurs affaires. Mais cette Bourſe a quelque chose de particulier, qu'elle offre un spectacle varié des costumes de tous les habillemens du Monde. Au reste l'entrée de l'Hôtel-de-Ville est très-désagréable. On n'y monte qu'à la faveur d'un pont de bois qui traverse la rue, par lequel l'on entre dans une fenêtre qui communique à la Salle du Conseil. On remarque dans cette Salle deux grands Tableaux peints par Serre, Marseillois, représentants la Peste de 1720 dans cette Ville. Un Vaisseau venant de Seyde, y apporta ce fléau, dont plus de soixante mille Habitans, & ceux mêmes des Villes voisines furent les victimes.

C'est à l'Hôtel-de-Ville que se trouve la Chambre de Commerce, établie en 1650. Elle est composée des Officiers Municipaux, qui en sont Membres nés, & de douze Députés choisis parmi les Négocians. Le ressort de cette Chambre est très-vaste, & embrasse toutes les échelles du Levant.

Il est peu de Villes qui aient éprouvé autant de changemens dans leur administration que Marseille. Ses Officiers Municipaux ont eu tantôt la dénomination de Syndics, tantôt celle de Consuls, puis sous nos Rois, celle d'Echevins, auxquels on associa quelquefois un Assesseur. Mais aujourd'hui, par les nouvelles Lettres-patentes de 1767, son administration est entre les mains d'un Maire, d'un Assesseur & de quatre Echevins, qui sont tous triennaux.

A l'extrémité du Quai & à l'entrée du Port est un Edifice bâti sur pilotis, appellé la *Consigne*, ou autrement *Bureau de la Santé*, où M. le Comte de Falckenstein se rendit. Ce Bureau a été établi pour veiller à ce que les Navires, qui viennent des endroits suspects de quelque maladie épidémique, n'entrent dans le Port avant qu'ils aient fait la quarantaine, c'est-a-dire, une épreuve de quarante jours, tems que ce Bureau abrege ou prolonge, suivant l'exigence des cas. Les Membres de ce Bureau, qui ont à leur tête un Officier de la Municipalité sorti de Charge, sont au nombre de seize & choisis parmi les Négocians les plus intègres. Ces Intendans, chacun pendant sa semaine, reçoivent sous serment les dépositions des Capitaines & gens de Mer dès leur arrivée. Les Réglemens de ce Bureau, & les précautions que l'on prend depuis la catastrophe de 1720, ne contribuent pas peu à perpétuer dans Marseille la sécurité dont elle jouit. C'est dans une salle de ce Bureau qu'on conserve avec soin un bas-relief représentant la Peste de Milan, ouvrage du même Artiste Puget, que Marseille se glorifie d'avoir vu naître.

Vis-à-vis de la Consigne & sur le Quai est la Communauté des Patrons Pêcheurs, dont les Magistrats choisis parmi eux sont appellés Prud'hommes,

(*Probi homines*). L'établissement de cette Communauté remonte à des siecles si reculés, qu'il est impossible d'en découvrir l'époque. Elle jouissoit des plus grands priviléges, qui leur furent confirmés par les Comtes de Provence & depuis par nos Rois, à compter de Louis XII jusqu'à Louis XV, si l'on en excepte François II & Henri III.

La Jurisdiction des Prud'hommes s'étend depuis le Cap de l'Aigle, près du Port de la Ciotat, situé à quatre lieues de Marseille jusqu'au Cap Couronne, près du Port de Bouc, à six lieues de Marseille. Ces Magistrats connoissent sans appel de tous les différens qui s'élèvent parmi les Pêcheurs, sur le fait de la Pêche. Les Parties doivent plaider elles-mêmes, sans employer le ministère des Avocats & des Procureurs, & sans autres frais qu'une pièce de deux sols, que le Demandeur est obligé de consigner pour faire assigner son Adversaire. La plaidoierie & le Jugement se font en Langue Provençale.

Les Prud'hommes ont deux costumes ou habillemens, l'un pour rendre la Justice, consistant en un habit noir, un manteau de même, un rabat & un petit chapeau de velours : l'autre costume, qui ne sert que dans les grandes cérémonies, consiste dans un corset, un haut-de-chausse, des souliers & chaussure à l'antique, une fraise, un petit manteau, des pleureuses pour tenir lieu de manchettes, les cheveux frisés en rond, la toque de velours noir sur la tête & une grande & large pertuisanne sur l'épaule. Lorsqu'ils endossent cet habillement, ils ont le droit de mettre sous les armes une Compagnie des Pêcheurs.

Ces Magistrats se sont toujours distingués par leur zèle & leur attachement pour leur Roi, dont aussi ils ont été bien accueillis. Louis XIII &

& Louis XIV prirent beaucoup de part aux Fêtes qu'ils leur donnèrent, lors de leur séjour à Marseille. Les Prud'hommes procurerent à ces deux Princes le plaisir de la Pêche. Ils conservent encore dans leur Salle un Tableau représentant la Pêche de Louis XIII, dans le Port de Mourgiou, au golfe de Marseille. MONSIEUR a bien voulu prendre aussi ce même amusement. Ce Prince s'embarqua dans une chaloupe qui le conduisit à l'entrée du Pharo, où les Prud'hommes avoient réunis avec leurs filets une grande quantité de poissons. On lui présenta alors, comme on avoit fait à Louis XIV, une lance d'argent faite en grapin ; mais il ne voulut pas s'en servir, & ne prit qu'à la main des poissons, qu'il rejetta aussi-tôt à la Mer, en demandant que tous les Seigneurs de sa suite en fissent autant. Il goûta avec le même plaisir les empressemens des Prud'hommes, auxquels il parla avec beaucoup de familiarité. Ce Prince voulut bien accepter un habit de Prud'homme qu'ils lui préfenterent, femblable à celui qu'ils portoient ce jour-là. Monsieur l'emporta avec lui pour le faire voir au Roi.

Après avoir vu toutes les particularités qui fe trouvent fur le Quai, M. le Comte de Falckenftein fe rendit à fon Hôtel pour dîner. Une foule immenfe de Peuple en avoit affailli la porte. Elle ne ceffa de l'obféder nuit & jour pendant fon féjour dans cette Ville, tellement qu'il fe vit forcé à accepter la Garde que lui offrirent les Officiers Municipaux, quoique par-tout ailleurs il eût conftamment refufé aucune efcorte, & pas même un Sentinelle à fa porte.

M. le Comte de Falckenftein alla vifiter l'après-dîner *le Lazaret*, qui eft le plus beau & le plus important de toute l'Europe. Il y fut reçu par les

Echevins & Affeffeur de la Ville & les Intendans du Bureau de la Santé, chargés de la Police de cet enclos, qui eft d'une vafte étendue, & où s'obferve une difcipline rigoureufe. La beauté de cet établiffement confifte dans la diftribution des édifices, les divers clos, celui fur-tout deftiné aux Voyageurs atteints du mal contagieux, les Halles pour mettre les marchandifes à l'abri des injures de l'air, dont les deux dernieres auroient fait honneur à l'Architecture Romaine. Une double enceinte très-élevée entoure ce local, dont l'entrée eft feulement permife aux Employés, qui y font féqueftrés, aux Gardes & à ceux qui font chargés de veiller à fa police. En un mot ce Lazaret eft fait pour fervir de modèle aux autres. M. le Comte de Falckenftein en y entrant, fe fit faire le parfum, comme cela fe pratique pour ceux qu'on foumet à la quarantaine. Il avoit témoigné beaucoup d'empreſſement à voir cet établiſſement ſi important à l'Humanité, & qui n'eſt achevé que depuis quelques années. Il en ſortit avec la plus grande ſatisfaction. L'ancien Lazaret, qui étoit ſitué ſous la Citadelle de Saint-Nicolas, exiſte encore; mais outre qu'il étoit très-petit, il étoit expoſé à divers inconvéniens, qu'on ne voit pas dans le nouveau.

M. le Comte de Falckenſtein deſiroit d'aller voir l'Iſle de Pomegues, qui eſt l'endroit où les Bâtimens paſſent la plus grande partie de la quarantaine. Le vent ne lui permit pas de faire cette traverſée. Le Bureau de la Santé entretient dans cette Iſle des Officiers chargés de prendre ſoin à ce que les Bâtimens qui y ſont relégués ne communiquent pas enſemble. C'eſt de cette Iſle que les marchandiſes ſont apportées au Lazaret dans des bateaux au ſervice du Bureau. *Pomegues*, ſuivant

Pline le Naturaliste, est une des trois Isles de Marseille appellées petites *Sthæcades*. Les noms de chacune d'elles étoient προτε, μεσ·, Η·πτε. Ces trois mots signifient, la premiere, celle du milieu, & la plus basse. C'est celle de μεσέ, qui est appellée aujourd'hui *Pomegues*, c'est-à-dire, l'Isle du milieu.

A cinq heures M. le Comte de Falkenstein retourna à son Hôtel, se proposant d'appeller un Négociant de la Ville, qui lui avoit été déjà indiqué, pour s'entretenir avec lui sur les particularités de la Ville de Marseille & son Commerce. Ce Négociant étoit M. Guys, qui fut présenté à notre illustre Etranger par M. de Kobenzel. M. Guys, qui a fait long-tems sa résidence dans les échelles du Levant, & notamment à Constantinople, joint à la science du Commerce, l'amour pour les Lettres qu'il cultive avec succès. Je n'en veux donner d'autre preuve que son *Voyage Littéraire sur la*

Grèce, ouvrage qui a déjà eu deux éditions, mais dont la dernière est la plus estimée. Elle renferme aussi un Ouvrage d'Italie & différentes pièces de Poésie dans lesquelles regne le meilleur goût. La conversation entre M. le Comte de Falckenstein & ce Négociant dura jusqu'à neuf heures du soir. Si ce dernier satisfit à toutes les questions proposées par l'illustre Etranger, & l'éclaira de ses lumières, il écouta toujours avec la plus grande admiration celui qui les lui fesoit, & sortit de cette conférence, autant convaincu des profondes connoissances de M. le Comte de Falckenstein, que confondu par ses bontés.

Le lendemain 7, M. le Comte de Falckenstein visita l'Arsenal & tous ses Magasins. On y voyoit, il y a quelques années, une Salle d'armes, qui étoit la plus belle de l'Europe. Elle a depuis été transportée à Toulon. Il visita aussi la Citadelle Saint-Nicolas & le Fort Saint-Jean, situés aux deux extrémités du Port. Il y avoit autrefois, pour en défendre l'entrée, une Tour du côté de la Ville & une autre à l'opposite, l'une appellée la Tour de Saint-Jean, & l'autre de Saint-Nicolas. La premiere subsiste encore. Celle de Saint-Nicolas a été remplacée par une bonne Citadelle, qui fut construite par ordre de Louis XIV, en 1660. Elle forme un quarré long, flanqué de quatre bastions & d'une demilune, avec une seconde enveloppe de plusieurs bastions & angles saillants, terminés dans la campagne par un Fort & un glacis taillé dans le roc, & du côté du Port par deux bastions & une queue d'hirondelle, terminée à la chaîne du Port, avec une fausse braie, pareille à celle du Fort Saint-Jean, qui lui est opposé.

Ce Fort fut commencé en 1664,

& prend son nom également de la Tour, comme je l'ai déjà dit. Cette Tour est le chef-lieu d'une Commanderie de l'Ordre de Malthe, dite de Marseille. Louis XIV ordonna qu'on fortifiât cette Tour de deux demi-bastions, d'un fossé, d'une demi-lune & d'un chemin couvert du côté de la Ville. Le reste, entouré de la Mer, est défendu par des redans, pourtournans le rocher, avec une fausse braie au pied, destinée à défendre l'entrée du Port par des batteries à fleur d'eau, qu'on peut garnir dans le besoin de vingt pièces de canons.

Marseille est encore défendue d'un autre côté par une Forteresse appellée le Fort de Nôtre-Dame de la Garde. François I, à son passage à Marseille, en 1525, la fit construire des débris du Couvent des Cordeliers, qu'il y avoit sur cette Montagne. Le nom de la Garde lui a été donné, de ce que la Ville y avoit fait bâtir une Tour vers le dixieme siècle, pour faire la Garde. Il y a encore un Château appellé *le Château d'If*, situé dans la premiere Isle, qu'on voit en sortant du Port, & n'en est éloignée que d'une demi-lieue. Cette Isle étoit appellée, suivant Pline le Naturaliste, προτε, c'està-dire, la premiere. François I fit construire ce Château en 1529. Le gros tems empêcha aussi M. le Comte de Falckenstein de s'y rendre pour le visiter.

Cet illustre Etranger, desirant de s'instruire à fond du Commerce de Marseille, voulut prendre une parfaite connoissance de ses diverses Manufactures. Cette Ville en renferme un grand nombre dans tous les genres. C'est par ses Manufactures qu'elle tire de son sein différentes productions, qui rendent son Commerce si considérable. Les principales sont celles de savon, les plus renommées de toutes celles qui subsistent ; toutes les Provinces du

Royaume, nos Colonies, en un mot, toutes les Nations commerçantes en facilitent la consommation. On remarque encore dans cette Ville différentes Manufactures de Porcelaine, celles des étoffes façon des Indes, des bonnets façon de Tunis, de soufre, de Raffineries de sucre, des Fabriques de teinture de cotons filés, pour le lavage des laines de toutes les qualités, pour le raffinage de l'alun, pour le blanchissage des cires. Enfin on y trouve beaucoup de Fabriques de liqueurs & de parfums, ainsi que d'autres de toutes sortes de salaisons, qui font un objet de Commerce d'autant plus considérable, que rien n'est plus agréable au goût que ces sortes de préparations de denrées & de poissons.

Parmi le grand nombre de Manufactures & de Fabriques, M. le Comte de Falckenstein visita la Manufacture des étoffes, façon des Indes. Cette

Manufacture a été établie à Marseille, il y a environ quarante ans par, le fieur Olive, dont le neveu en eft aujourd'hui l'Entrepreneur. Ces étoffes très-eftimées, font unies & brochées, tant en foie de diverfes couleurs, qu'en or & argent. Elles ajoutent même aux beautés de celles des Indes plus de régularité & un meilleur choix de deffins.

De cette Manufacture M. le Comte de Falckenftein paffa à celle des Bonnets, façon de Tunis, dont la premiere imitation eft due à la Ville de Marfeille. Ce genre de fabrication y eft très-ancien; mais M. Roffel, l'Entrepreneur d'aujourd'hui, a pouffé cette découverte auffi loin qu'il eft poffible. Ces bonnets forment un objet très-confidérable pour le Commerce du Levant, où s'en fait la confommation. M. Gautier, intéreffé dans cette entreprife, eut l'honneur de conduire M. le Comte de Falckenftein dans les divers atteliers de cette Manufacture & de lui en expliquer les différents procédés. M. le Comte parut curieux de connoître celui qu'on employoit pour donner la teinture rouge à ces bonnets ; mais soit par réserve, pour raison d'intérêt de la part de M. Gautier, soit qu'il ignorât effectivement la méthode usitée, il s'excusa sur ce que son Associé, qui conduisoit les opérations, étoit absent & sur son ignorance à cet égard.

M. le Comte de Falckenstein visita aussi la Fabrique de savon de M. Tarteiron. Il donna cette préférence à la Fabrique de ce Négociant, parce qu'elle est très-belle & distribuée de manière qu'on peut voir d'un coup-d'œil le service (*) des chaudières avec plus de facilité que dans les autres Etablissemens de ce genre. Le sieur Tarteiron eut l'honneur de l'y recevoir,

---

(*) Ce mot service, est un terme tecnique.

& le sieur Yvan celui de lui expliquer tous les divers objets de manipulation. Cet Artiste est un des plus instruits de sa profession. Il a même remporté un prix à l'Académie de Marseille, pour un Mémoire sur la meilleure manière de fabriquer le savon.

Le court séjour de M. le Comte de Falckenstein à Marseille ne lui permit pas de voir d'autres Manufactures. Celles de Fayance, façon de Marseille, sont à un tel point de perfection qu'on les compare à la Porcelaine. Les formes en sont très-élégantes & les desseins fort beaux. Pour donner une preuve de leur supériorité, je dirai que le Roi de Portugal, ayant établi dans sa Capitale une Manufacture de ce genre, n'a pas cru pouvoir mieux la désigner que sous le nom de Manufacture de Fayance, façon de Marseille. Toute l'Europe & nos Colonies font une consommation de ces fayances, dont il y a un très-grand nombre de Manufactures.

Elles ont été un objet de curiosité pour MONSIEUR, qui en a visité trois principales dans cette Ville, savoir, celles de Robert, de Savi & de la veuve Perrin.

La Ville de Marseille, quoique très-ancienne, & qu'elle se soit autant distinguée par la force de ses armes que dans les Sciences & les Arts, ne renferme pourtant aucuns Monumens qui prouve que Rome même soit venue s'instruire à son Ecole. On ne trouve rien qui dépose en faveur de son ancienneté & de son alliance avec les Romains, dont elle devint une Colonie. La raison peut-être pour laquelle on n'y voit aucuns vestiges de Monumens anciens, c'est que les spectacles furent de tous les tems prohibés dans cette République. Quant aux Temples, la tradition porte qu'il en existoit quelques-uns, sur lesquels on a élevé depuis diverses Eglises, Temples cependant dont il n'y a aucuns restes, qui n'échappèrent pas aux fureurs des Barbares, dont les irruptions furent si fréquentes dans ce Pays.

On remarque à l'Abbaye Royale de Saint-Victor quelques Tombeaux antiques, & à la Cathédrale trois Tableaux de Puget. On conserve aussi dans la Sacristie des Cordeliers de cette Ville la tête monstrueuse de Borghini. Elle a un pied de diamètre. Ce particulier étoit fils d'un Notaire de Marseille. On assure qu'il a vécu jusqu'à trente-cinq ans.

Marseille avoit une Académie des Belles-Lettres, fondée par le Maréchal Duc de Villars, qui lui fit obtenir des Lettres-patentes au mois d'Août 1726 ; mais par des secondes du mois de Mars 1766, cette Société a pris la dénomination d'Académie des Belles-Lettres, Sciences & Arts, dont elle dut la réunion au Duc de Villars son fils. Elle distribue en conséquence chaque année deux Prix, l'un pour la partie des Lettres, & l'autre pour celle des Sciences. Elle possede depuis deux ou trois années un Cabinet d'Histoire Naturelle, par les soins de M. Grosson, de l'Académie de cette Ville, Citoyen aussi versé dans la connoissance de l'Antiquité que dans celle de l'Histoire de sa Patrie, à laquelle il a consacré ses travaux. Ce Cabinet sera public lorsqu'on aura rassemblé un certain nombre d'objets. Quoique la cupidité tourne dans cette Ville presque tous les esprits vers le Commerce, & leur fasse négliger tout ce qui regarde leur instruction, on a vu cependant divers particuliers se prêter aux vues utiles de M. Grosson, & aider de leurs fonds cet établissement. Le tems d'une révolution, en faveur des Lettres & des Sciences, est sans doute arrivé dans cette Ville autrefois si célèbre, mais qui a resté pendant long-tems ensevelie dans l'ignorance, qui domina toute l'Europe pendant plusieurs siècles.

Il y a au Collège de Marseille, gouverné par les Prêtres de l'Oratoire, une très-belle Bibliothèque. On y voit aussi une riche Collection d'antiques, que lui a legué depuis quelques années un Gentilhomme de cette Ville (M. de Benat) sçavant Antiquaire, à laquelle on a joint vers le même tems une Collection d'Histoire Naturelle. Il seroit à souhaiter pour une si grande Ville, que cette Bibliothèque fût publique; la Jeunesse y trouveroit des moyens de s'instruire, qui lui manquent d'ailleurs. Ceux d'amusement abondent à Marseille. Outre celui de la Comédie, que l'on joue cinq fois par semaine, il y a une Académie de Musique, connue sous le nom de Concert, qui s'ouvre deux fois la semaine, savoir les lundi & vendredi, au défaut de la Comédie. L'orchestre en est très-bien monté. L'on y exécute différents morceaux d'Opera, & autres sujets traités par les plus grands Maîtres.

L'assemblée est peut-être la plus brillante de toutes celles du Royaume en ce genre. C'est-là où les femmes honnêtes, qui y sont admises gratuitement, étalent tout le luxe qui distingue une grande Ville de Commerce, joint aux graces de la figure dont le sexe est singulièrement doué dans ce Pays, & à la manière piquante dont il sait s'ajuster. MONSIEUR a honoré de sa présence, pendant son séjour dans cette Ville, le Spectacle & cette Assemblée; & ce n'est pas une des choses qu'il ait vue avec moins d'intérêt que cette dernière.

M. le Comte de Falckenstein vit très-peu de personnes dans cette Ville, & ne reçut aucune visite, pas même celle de l'Evêque. Quelques Citoyens cependant eurent la singulière faveur de s'entretenir avec lui. M. Guys n'en jouit pas exclusivement. Notre illustre Etranger desira de connoître M. Sieuve, qui se rendit chez lui. M. Sieuve, natif de Marseille, a passé une grande partie de sa jeunesse dans la Louisiane. Ce Citoyen, animé de sentimens patriotiques, s'est occupé dans ses Voyages à chercher les moyens de préserver les étoffes de laine de la piquure des insectes. Il en a trouvé un, pour la découverte duquel il a obtenu de l'Académie de Bordeaux une médaille d'or. Il est également auteur d'un Ouvrage sur la Culture des Oliviers, & la manière de détriter les olives, pour en faire de l'huile d'une qualité supérieure. Il a inventé à cet effet un détritoir d'une nouvelle structure, dont il a fait depuis long-tems l'essai qui lui a réussi. Il se fait une grande consommation dans la Capitale de l'huile de ses nouveaux Moulins. M. le Comte de Falckenstein fut charmé de connoître les propriétés de ces découvertes, & goûta les différentes observations de leur Auteur.

Il eut encore occasion de connoître
un

un autre Négociant (M. Sollier) & de s'entretenir avec lui. Voici comment ce Négociant fut introduit chez M. le Comte de Falckenstein. MM. Rabaud & Sollier, Négocians établis à Marseille, avoient été chargés par M. de la Borde, ancien Banquier de la Cour, leur Correspondant, de compter à M. le Comte de Falckenstein toutes les sommes qu'il jugeroit à propos de prendre chez eux, M. Sollier s'empressa en conséquence de se rendre à l'Hôtel de M. le Comte de Falckenstein, le lendemain de son arrivée. Il s'étoit paré de ce que sa garde-robe renfermoit de plus précieux. On jugera de sa magnificence par le faste qu'affiche le Négociant à Marseille. Il ne put cependant, quelques instances qu'il fit, avoir l'Audience qu'il demandoit. Le lendemain ce même Négociant, revenu à lui-même, ou qui avoit pris de sages conseils, brûlant toujours d'envie de remplir la commission honorable dont il étoit chargé, s'habille modestement & se présente de nouveau, vêtu d'une étoffe de laine toute unie, à l'Hôtel des Princes; & mettant plus de modestie dans sa seconde démarche que dans la premiere, demande à parler à M. le Comte de Coloredo. On lui répond qu'il est sorti. Il monte néanmoins pour essayer de parvenir à son but. Quelques tems après, comme il étoit resté sur le pallier, indécis s'il se retireroit ou s'il attendroit M. de Coloredo. M. le Comte de Falckenstein sort de son appartement, & voit un Etranger à sa porte. Il lui demande le sujet de sa visite. M. Sollier lui répond, sans le connoître, qu'il desireroit offrir ses respects à M. le Comte de Coloredo, afin qu'il lui fit l'honneur de le présenter à M. le Comte de Falckenstein, pour s'acquitter de la commission dont M. de la Borde l'avoit chargé. Alors M. le Comte de Falckenstein l'engage d'entrer dans son appartement. Il le fait asseoir auprès de lui sur un sopha, en lui disant que M. de Coloredo ne tardera pas à arriver, & qu'il se donne la peine de l'attendre chez lui. M. Sollier, qui ignoroit encore à qui il parloit, engage la conversation avec M. le Comte de Falckenstein. Comme naturellement il revenoit toujours à l'objet de sa visite, M. le Comte de Falckenstein se découvrit en lui disant : *C'est moi qui suis le Comte de Falckenstein*. Alors M. Sollier se leve, perd contenance, veut prendre une posture respectueuse; mais M. le Comte de Falckenstein le prenant par le bras, l'oblige de se rasseoir, en lui disant : *parlons un peu Commerce, & commençons par la Chine.* A quoi M. Sollier répondit qu'il n'en pourroit patler, comme lui, que par simple théorie, s'excusant sur ce que sa Maison n'avoit jamais fait ce Commerce. Mais il pria M. le Comte de Falckenstein de vouloir bien mettre la conversation sur celui des Indes, & qu'il seroit en état de satisfaire à toutes ses questions. En conséquence M. le Comte de Falckenstein n'eut pas de peine à lui en faire de relatives à cette réponse, dont M. Sollier lui donna les solutions. Après une heure & demie d'entretien, M. Sollier, craignant de paroître indiscret, se levoit & alloit prendre congé, M. le Comte de Falckenstein lui dit : *Asseyez-vous encore.* M. Sollier obéit. *Vous êtes bien modestement vêtu,* lui répartit M. le Comte de Falckenstein, *je vous en loue ; l'économie est le premier profit de votre profession.* Il ajouta que c'étoit pour avoir abandonné une règle si sûre, que bien des Négocians n'avoient pas eu le bonheur de réussir. M. Sollier, pénétré de tant de bontés, & qui ne s'attendoit pas à recevoir une si belle leçon d'une bouche si respectable, quitta M. le Comte de Falckenstein, qui ne disposa pas de ses fonds.

Un autre Citoyen de Marseille eut

aussi le bonheur de s'entretenir en particulier avec M. le Comte de Falckenstein, mais d'une manière bien plus singulière. M. Castellane, ancien Capitaine du Régiment de Champagne, homme avancé en âge, & d'un caractère aussi gai que franc, pressé du plus vif desir de voir M. le Comte de Falckenstein, se fait jour à travers les obstacles, & arrive jusqu'à lui sans le connoître, en le priant de lui procurer cette satisfaction. Il dit à M. le Comte de Falckenstein, qui ne put s'empêcher de se découvrir, tout ce que la joie & le sentiment peuvent exprimer, avec cette vivacité Provençale & la franchise d'un vieux Militaire, qui auroient pu demander grace pour les expressions M. le Comte de Falckenstein fut sensible à un pareil empressement, & prit plaisir à cette scène intéressante. Il eut ensuite une conversation assez longue avec cet Officier, qui avoit fait diverses campagnes en Allemagne.

Il vit avec beaucoup de plaifir pendant fon féjour à Marfeille, Madame Kik, femme du Conful, dont j'ai déjà parlé, & fes filles, qui offrent le tableau de la famille la plus aimable.

Il partit de Marfeille le 8 Juillet à fix heures du matin. Il revit au Pin, avec la même fatisfaction M. & Madame Jubelin, avec lefquels il s'entretint tout le tems qu'il lui fallut pour changer de chevaux. Il paffa par Aix, Lambefc, Orgon, Saint-Andiol, & arriva au bac de Nover, qui eft l'endroit où l'on traverfe la Durance, rivière très-dangereufe, fur-tout pendant l'hiver, avant d'entrer dans le Comtat, & pour fe rendre à Avignon. Un accident furvenu à une roue de fa voiture, arrêta M. le Comte de Falckenftein au paffage de cette Rivière. Il fit appeller un Charron de *Bompar*, lieu fitué à l'autre rive, où il y a une belle Chartreufe. En attendant, la foule s'accumuloit fur celle où étoit

M. le Comte de Falckenſtein. Alors il entra dans une cabane voiſine, & ſe tint enſuite long-tems appuyé ſur la porte, d'où chacun eut le loiſir de le contempler. Il s'entretint même dans cet endroit avec un Seigneur des environs, qui étoit venu exprès augmenter le nombre des curieux, & à qui il dit les choſes les plus agréables, ainſi qu'à ſa compagnie. Le Charron arriva enfin, & notre illuſtre Etranger l'aida lui-même à faire ſa beſogne, après laquelle il récompenſa le Propriétaire de la cabane, & tous ceux qui lui prêtèrent leurs ſervices dans cette circonſtance. Il s'embarqua enſuite, lui, ſes Gens & ſes équipages ſur le Bac, non ſans quelque humeur, provenante de l'indiſcrétion de la foule qui l'avoit obſédé dans cet endroit, & de l'accident qui avoit rallenti ſa marche. Il arriva à quatre heures après-midi à Avignon.

On l'attendoit dès la veille dans cette

Ville. On juge par-là de l'empreſſement que le Peuple témoigna de la voir. Mais M. le Comte de Falckenſtein, trop importuné par les Habitans, qui ne reſpectèrent pas aſſez ſon *incognito*, ne s'arrêta que quelques inſtans à la Poſte, pour changer de chevaux. Pendant qu'il attendoit dans ſa voiture leur arrivée, un Officier du Vice-Légat vint le prier de faire quelque ſéjour dans cette Ville, & d'agréer qu'il le conduisît dans les endroits les plus remarquables, & principalement à l'Hôtel-Dieu. Mais M. le Comte de Falckenſtein le remercia & n'accepta point ſes offres, ſoit à cauſe de la preſſe à laquelle il avoit lieu de s'attendre, ſoit à cauſe qu'il ne s'étoit pas propoſé de s'arrêter dans cette Ville, parce que la journée étoit déjà fort avancée.

Cette jolie Ville, qui a été pluſieurs fois priſe, notamment en 1768, & rendue au Pape, & que le Chef de l'Église met au rang de ses Etats, ainsi que plusieurs autres, quoique placées dans le sein de la France, lui a été récemment restituée, depuis que le Roi a jugé à propos de ne plus user de ses droits sur le Pays où elles sont situées. Les dehors d'Avignon sont très-agréables, quoique cependant on n'y trouve point de Fauxbourgs, & pas même une Auberge ni un seul gîte, ce qui est de la plus grande incommodité pour les Voyageurs, surtout pendant la nuit que les portes de la Ville sont fermées. Ces dehors offrent cependant les plus riantes promenades. On admire dans la Ville différentes choses curieuses & principalement l'Hôtel-Dieu. La construction & la grandeur de cet Edifice sont aussi dignes de curiosité, que la manière dont les Pauvres sont soignés dans cet asyle de Charité. M. le Comte de Falckenstein, toujours très-empressé de connoître de pareils Etablissemens tendans au soulagement de l'Humanité, ne céda pas à ses desirs, & continua sa route pour Orange, qui n'est éloignée que de quatre lieues d'Avignon.

Cet illustre Etranger, à son arrivée à Orange dîna à l'Auberge. Après son dîner, il alla visiter les anciens Monumens de cette Ville. Orange étoit une des plus considérables Villes des *Cavares*, Peuples habitants la Gaule Narbonnoise, qui s'étendoit depuis la Durance jusqu'à l'*Isere*. Les Romains ayant soumis ces Peuples, établirent à Orange une Colonie de Vétérans. Ils y avoient construit différents beaux Edifices, dont on voit encore aujourd'hui quelques restes. Cette Ville a été bâtie & détruite plusieurs fois. Elle fut, après la décadence de l'Empire, encore plus exposée que les autres Villes de la Province à être ravagée. Je vais me livrer à quelques détails sur les restes de ses anciens Monumens. On ne sera pas fâché de les trouver ici, quoique bien des personnes connoissent ces précieux vestiges de la grandeur Romaine.

Les Romains avoient bâti dans cette Ville un Cirque appellé à Rome Colisée. C'étoit le plus considérable de tous les Monumens dont ils l'embellirent, & dont les restes font encore voir qu'il étoit aussi un des plus réguliers qu'ils aient construits. Il est situé au pied de la colline, sur laquelle étoit le fameux Château, que Maurice de Nassau fit revêtir de onze bastions, avec quantité d'autres fortifications, & que Louis XIV fit démolir. Ce Monument dont l'usage est connu, étoit en forme de théâtre, & composé de trois principales parties. Il ne subsiste que la grande muraille, qui formoit le demirond de l'amphithéâtre. Cette muraille tirant du Levant au Couchant, est bâtie depuis le pied jusqu'au couronnement, du côté du Septentrion, de grosses pierres de taille grises, sans que l'on puisse y reconnoître le mortier. Sa hauteur est de cent huit pieds & sa longueur de trois cents. Le haut de cette muraille est de douze pieds d'épaisseur. Il paroît qu'il y avoit un parapet. Ce parapet servoit à mettre les spectateurs à couvert des ardeurs du Soleil. Le bas des murailles est soutenu par des arcs, qui forment des portes, parmi lesquelles celle du milieu est la plus élevée & la plus grande. Au-dessus de la corniche on découvre encore ces trois lettres C. J. S. qui veulent dire: *Colonia Julia Secundanorum*, le reste est entièrement effacé.

Sur la façade Septentrionale, qui est le plus beau pan de muraille que l'on puisse voir, il y a de grandes pierres quarrées, taillées en saillie, distantes les unes des autres d'environ six pieds, & percées d'un grand trou au milieu. Il y en a trois rangs; mais celui qui est en bas, au-dessus des portes, est presque tout brisé; les autres sont encore entiers. On mettoit dans les ouvertures les piquets qui fervoient à foutenir les tentes, fous lefquelles le Peuple fe trouvoit à couvert du Soleil.

Au-deffus d'une corniche de marbre blanc, qui eft à la façade méridionale, on voit dix-neuf arches, deftinées fans doute à placer différentes Statues. Au-deffus de ces niches & au milieu de la façade eft le *podium*, place réfervée aux perfonnes de la plus haute confidération, comme je l'ai déjà dit, en parlant de l'amphithéâtre de Nîmes.

L'arc de Triomphe fitué à une petite diftance au Nord de la Ville, eft un Monument qui, en fon entier, repréfentoit d'abord une Tour élevée de foixante-dix pieds, foutenue par trois arcs, appuyés fur quatre murailles, bâties de gros quartiers de pierres de taille. L'arc du milieu eft le plus grand. Ce Monument a quatre faces, dont chacune a deux tables en bas relief, qui en renferment les ornemens.

La façade méridionale présente différentes particularités, outre ses ornemens. Au-dessous du petit arc, du côté du Levant, on voit diverses armes entassées les unes sur les autres, & parmi les armes la figure de deux pourceaux ou sangliers, symbole de l'alliance que les Romains fesoient alors avec les Nations. On voit encore à cette face deux tables qui la partagent. Dans celle qui est sur le petit arc, du côté du Levant, on lit distinctement sur le bouclier le plus élevé ce mot : MARIO, & sur l'autre DACUDO. Un peu plus bas, tirant au milieu de ce petit arc, on lit sur un autre bouclier : IUM CURIO. Les lettres qui composent cet *Ium* étoient jointes à d'autres qui les précédoient. Elles sont rongées, de même que la grande pierre sur laquelle elles étoient sculptées. Dans la partie inférieure de cette table, & tirant toujours plus vers le Levant, on lit au haut d'un bouclier : UDILLUS. La première lettre de ce mot est rongée. Dans le bas du bouclier, on voit un cartouche sculpté sur une pierre, où il y a une main qui marque un renvoi, & où se lisent ces mots, ainsi renfermés dans le cartouche, A VOTO ; le bouclier & la pierre, qui sont au bas de la même table, sont tous rongés. En tirant vers le Couchant, on lit dans le haut d'un autre bouclier, en gros caractères, SACRO.

La façade Septentrionale est la plus riche & la plus entière. Sa conservation vient de son exposition. On a toujours remarqué que ces sortes de Monumens étoient plus dégradés du côté du Midi. On voit sur cette façade le même ordre d'architecture que sur la méridionale. On découvre sur les deux petits arcs les différentes armes, dont les anciens se servoient. Dans la table la plus basse, & au-dessus du petit arc, du côté du Levant, on lit sur un bouclier, presque au milieu de la table, ces mots en lettres unciales ; CATULUS. Plus bas font encore ces trois lettres : S. R. E. qui doivent signifier *Senatus Romanus erexit*. Sur un autre bouclier, presque au coin de l'Edifice, du côté du Couchant, on lit ODYACUS. Cette façade est enrichie de différents ornemens & sur-tout d'instrumens de Marine, ce qui indique que ce Monument a été élevé en mémoire d'une Victoire navale & après une bataille sanglante, comme le démontrent encore différents bas-reliefs, qui sont sur cette façade. On y voit la figure d'un homme à cheval, armé de toutes pièces à l'antique. Cette figure est entière. Quelques-uns croient que c'est la figure de Catulus, Collegue de Caïus Marius.

Sur la façade Orientale sont représentés les Captifs, qu'on avoit coutume de mener en triomphe, les mains attachées derrière le dos. Ils sont placés deux à deux & à égales distances des colonnes, qui sont surmontées de trophées d'armes, composés des dépouilles des Peuples vaincus. Au-deſſus de chaque trophée eſt la figure d'un pourceau. Le tout eſt encore ſurmonté par l'Oriflamme ou Enſeigne des Romains. Au-deſſus des colonnes, on voit une friſe, où ſont repréſentés pluſieurs Gladiateurs combattants un à un. Cette friſe eſt ſurmontée du buſte d'une Divinité, dont la face jette des rayons, & eſt environnée de pluſieurs étoiles.

On trouve en cet endroit une inſcription ſépulchrale, qui prouve par ſa nature qu'elle a été ajoutée à cette façade, ainſi que différentes autres choſes que l'on y voit. La voici:

D. Sextio Victori
Legionis Minerviæ
Signifero. Tic. Silius
Hoſpes.

Sur la façade Occidentale ſont repréſentés des Captifs & des trophées d'armes, ſemblables à ceux de la façade Orientale.

Un Prince d'Orange, de la Maison de Baux, trouva si magnifique cet Arc de triomphe, qu'il fit construire un Palais dans ce lieu même & au-dessus des arcs. Il le fit rèvêtir de fortes murailles & entourer de fossés. Cet Edifice fut démoli en 1741. Les murailles furent abattues & les fossés comblés, & enfin l'Arc de triomphe fut rétabli dans le même état où il étoit auparavant. Sans cette précaution on n'auroit pu éviter sa chûte, qu'auroit entraîné le poids du nouvel Edifice.

Il y a eu différentes opinions sur le sujet de cet Arc de triomphe. Quelques-uns ont pensé qu'il avoit été érigé à la gloire de Caïus Marius & de Lutatius Catulus son Collegue, après qu'ils eurent vaincus les Ambrons, les Cimbres & les Teutons. D'autres estiment que c'est à celle de Domitius Ænobarbus & de Quintus-Maximus Æmilianus qu'il a été élevé, après la défaite des Allobroges & de Teutomalion, Roi des Provençaux, qui s'étoit réfugié chez ces Peuples: d'autres disent enfin que ce Monument est du tems d'Auguste. C'est à ceux qui s'occupent de ces sortes de matières à ne plus laisser d'incertitude sur un objet, dont l'explication serviroit beaucoup à l'éclaircissement de l'Histoire de ces anciens tems & de celle du Pays.

Il existe à Orange quelques débris d'un Aqueduc. Cet Aqueduc, construit par les Romains, pour amener des eaux dans cette Ville, commençoit à environ cinq lieues d'Orange. On voit encore en plusieurs endroits, depuis Malaucene jusqu'à Vaison, & depuis cette Ville jusqu'à Orange, des masures & des débris considérables de voûtes, qui annoncent des restes de cet ancien Aqueduc. Il y avoit aussi à Orange un Capitole situé sur la Montagne, au lieu le plus élevé de la Ville. Maurice de Nassau, Prince d'Orange, le conserva en son entier, & le fit revêtir d'un rempart ſi bien fortifié, qu'il le rendît une des plus fortes places du Royaume. Louis XIV le fit démolir en 1673. On trouve encore à Orange pluſieurs bas-reliefs de pavés de marbre de différentes couleurs à la moſaïque, malheureuſement enſevelis ſous des ruines & dans le fond des caves, dont il y en a de très-bien conſervés. On peut juger par-là de l'ancienne magnificence de cette Ville.

On ne voit plus rien des arênes qui étoient ſitués hors la Ville. Leur exiſtence eſt d'autant plus certaine, que le lieu eſt encore appellé le Quartier des Arênes. Les arênes étoient, comme je l'ai déjà dit, un champ de ſable fort vaſte, deſtiné aux combats des hommes & des bêtes féroces, aux Gladiateurs & à ceux qui vouloient donner des preuves de leur force, de leur adreſſe & de leur valeur. Il régnoit autour de ce champ un amphithéâtre, dont il n'exifte aujourd'hui nul veftige.

Il n'eft rien échappé dans la Ville d'Orange à la curiofité & aux obfervations de M. le Comte de Falckenftein, qui, après avoir tout vu, & particuliérement la belle Manufacture de Toiles qui portent le nom de la Ville, appartenante à M. Veter, continua fa route pour Lyon. Il paffa par Montélimar, petite Ville du Dauphiné, à une demi-lieue de laquelle, & en prenant fur la gauche, eft celle du Saint-Efprit, où l'on voit le fameux Pont de ce nom fur le Rhône, qui a vingt-deux arches, fous lefquelles le paffage de ce fleuve eft dangereux, à caufe de fa rapidité. M. le Comte de Falckenftein marcha toute la nuit, ne prenant d'autre repos que l'inftant qu'il lui falloit pour changer de chevaux, ou pour mieux dire, dormant auffi tranquillement dans fa voiture que dans le meilleur lit. L'Ingénieur des Ponts & Chauffées de la Généralité du Dau phiné, prévenu de son arrivée, se trouva pour prendre ses ordres le 9 à trois heures du matin, à son passage sur le Pont de la Drôme, construit depuis peu de tems, & le vit dans cet état, que son zèle néanmoins se garda bien de troubler.

Il n'y a rien sur cette route de Lyon qui soit digne de retarder la marche d'un Voyageur aussi infatigable que M. le Comte de Falckenstein, si ce n'est Vienne, qui est à six lieues de Lyon, Ville ancienne & très-fameuse sous les Romains, & dans laquelle ces Maîtres du Monde avoient construit différents beaux Edifices, dont on voit quelques restes. A un quart de lieue, avant d'entrer dans la Ville, & sur la gauche, on trouve aussi en raze campagne quelques vestiges d'anciens Monumens, dont la destination est encore douteuse. La Ville est très-mal bâtie, les rues sont très-étroites & fort incommodes.

M. le Comte de Falckenſtein arriva le 9 à trois heures après-midi, à Lyon, où il n'étoit attendu que le 11. M. Bourgeois, Capitaine de Génie, de ſa ſuite, l'avoit précédé & lui avoit arrêté un appartement dans l'Hôtel d'Artois, rue de l'Arſenal, où M. le Comte alla en effet deſcendre.

Après avoir viſité le logement qu'on lui avoit préparé, M. le Comte de Falckenſtein ſe mit à table ſur les quatre heures. Pendant ſon deſſert, le Duc d'Oſtrogothie, voyageant ſous le nom de Comte d'Oland, logé dans le même Hôtel, fit demander à M. le Comte de Falckenſtein la permiſſion de lui faire viſite, que notre illuſtre Etranger lui fit refuſer, ſous prétexte qu'il étoit trop fatigué pour le recevoir. Mais un moment après, il ſe rendit lui-même chez le Comte d'Oland. Ce Prince en allant aux Eaux de Spa, s'étoit arrêté à Lyon, où il étoit arrivé depuis deux jours, & y ſéjourna jusqu'au 12 du même mois. Les Lyonnois ne négligèrent rien pour lui rendre le séjour de leur Ville agréable, & s'empressèrent de lui procurer divers amusemens. Ce jour même de l'arrivée de M. le Comte de Falckenstein, le Prince Suédois assista à un Bal qu'ils lui donnèrent. Tandis qu'il se livroit ainsi aux agrémens de la Société, M. le Comte de Falckenstein donnoit quelques instans de la nuit au repos, dont sans doute il avoit besoin, & en consacroit le reste au travail. Après un entretien d'environ une demi-heure, le Comte d'Oland accompagna M. le Comte de Falckenstein dans son appartement, avec plusieurs Officiers de sa suite, & quelques instans après, prit congé de lui.

Cette visite finie, M. le Comte de Falckenstein desira de parler à MM. Geramb frères, natifs de Vienne en Autriche, Négocians de Lyon, dont leur famille lui étoit connue. Ces Négocians

gocians se rendirent à ses ordres. M. le Comte leur demanda des éclaircissemens sur le Commerce de cette Ville, & leur fit toutes les questions qu'un Négociant instruit auroit pu faire, du nombre desquelles furent celles-ci : quel terme l'on donnoit pour les marchandises, sur quelle place Lyon tiroit, sur quelle autre cette Ville prenoit ses remboursemens, si on tenoit à Lyon les Livres en partie double, & une infinité d'autres questions de cette natnre. Il prit congé d'eux, en les comblant d'honnêtetés, & leur demandant s'ils pouvoient le lendemain le conduire, pour voit les Fabriques & les Manufactures de la Ville. Comme ces Négocians lui demandoient son heure la plus commode à cet effet, M. le Comte de Falckenstein leur répondit, ne pas ignorer qu'ils avoient le lendemain leur Courier d'Allemagne à expédier, & qu'il ne vouloit pas leur faire négliger leurs affaires.

Il ajouta qu'il laiſſoit ainſi l'heure à leur choix ; à quoi ces Négocians répliquèrent être entièrement à ſa diſpoſition pendant ſon ſéjour à Lyon, & que les nuits étoient aſſez longues pour vaquer à leurs occupations. Alors M. le Comte de Falckenſtein fixa la viſite des Manufactures au lendemain, neuf heures du matin.

Il ne ſortit pas le reſte de ce jour-là, qu'il employa à s'entretenir avec MM. de Rivérieulx, Commandant & Prévôt des Marchands de la Ville de Lyon, Proſt de Royer, Lieutenant-Général de Police, & Lallié, Ingénieur en Chef des Ponts & Chauſſées de la Généralité de Lyon.

M. Trudaine ayant chargé cet Ingénieur de prendre les ordres de M. le Comte de Falckenſtein, à ſon paſſage à Lyon, M. Lallié s'étoit déjà empreſſé de faire part de ſa miſſion à M. Bourgeois, qui en avertit M. le Comte de Falckenſtein, dès l'inſtant de son arrivée. En conséquence cet Ingénieur s'étoit rendu à six heures & demie à l'Hôtel d'Artois, au desir de M. le Comte. M. Lallié eut l'honneur de lui présenter les Plans de la Ville de Lyon, & des principaux objets qu'elle renferme ou qui l'environnent, & de lui en faire l'explication. M. le Comte de Falckenstein fit voir, à son ordinaire, dans cet entretien, qui dura plus de trois quarts-d'heures, beaucoup de lumières & de sagacité.

Les projets du sieur Perrache, pour l'aggrandissement de la Ville, le Pont de bois & les Quais, qu'on se propose d'exécuter près l'Archevêché, l'Arsenal qu'on est sur le point de construire à Lyon, & la Ville projettée à Versoy, furent les principaux objets de la conversation. L'établissement d'un Arsenal parut fixer l'attention de M. le Comte de Falckenstein, qui remit au lendemain après-dîner la visite qu'il se proposoit de faire aux travaux du fieur Perrache. On affure qu'il dit à l'Ingénieur, qu'il n'avoit vu nulle part d'auffi beaux ouvrages que ceux exécutés en France par les Ingénieurs des Ponts & Chauffées.

Le lendemain 10 au matin, MM. Géramb accompagnèrent M. le Comte de Falckenftein dans plufieurs Manufactures. Celles d'Etoffes de foie, foit pour meubles, foit pour habits, font les plus confidérables de cette Ville. M. le Comte de Falckenftein débuta par aller à Largue, où il vit forger l'argent, le tirer, le dorer & le filer. Il parut très-fatisfait de toutes les opérations dont il fut témoin. Il fit auffi plufieurs queftions fur cet Art, qui furprirent tous ceux qui étoient préfents.

Il alla enfuite à la Manufacture de M. de la Salle, un des premiers Fabriquans de Lyon, qui étoit abfent. Madame de la Salle fon époufe lui montra différentes étoffes de foie pour meubles, exécutées par fon mari, d'après les deſſins de ce dernier, & ſur des métiers de ſon invention, entr'autres deux qu'on feſoit pour le Grand Duc de Toſcane. M. le Comte de Falckenſtein parut ſurpris, & dit en riant, qu'il étoit étonnant que le Grand Duc tirât des Fabriques étrangères ce qu'il pouvoit faire exécuter dans les ſiennes, mais que ces meubles-là étoient beaux.

Madame de la Salle lui propoſa d'aller dans une autre Maiſon, où elle avoit des métiers d'un nouveau méchaniſme. M. le Comte de Falckenſtein promit de s'y rendre, & dit qu'il vouloit auparavant aller voir la famille *de ſes Compatriotes*, qu'il ſavoit demeurer dans cette Maiſon. Il y alla en effet de ce pas, & s'entretint fort long-tems avec les épouſes & enfans de MM. Géramb avec beaucoup de bonté & d'affabilité.

De-là il alla examiner le méchaniſme du métier de M. de la Salle.

Ce Négociant, qui s'eſt particulièrement appliqué à l'étude du deſſin & à celle de la méchanique, s'eſt acquis dans le Commerce des Etoffes la réputation la mieux méritée par la ſupériorité de ſes divers talens, que l'on voit difficilement réunis dans une même perſonne. Il a même obtenu en divers tems, de la part du Gouvernement, les récompenſes (*) les plus flatteuſes de ſes travaux & de ſes inventions dans l'Art de fabriquer les étoffes.

Jamais on ne vit de plus grand Deſſinateur dans cet Art que le ſieur de la Salle, ſi l'on en excepte le ſieur Revel qui, de ſon vivant, donna par l'exactitude & l'agrément de ſes deſſins, un plus haut prix aux étoffes de Lyon. Les traces qu'il laiſſa de ſon goût ne furent pas ſuivies après ſa mort; mais M. de la Salle ſut les dé-

―――――――――――

(*) M. de la Salle a été fait en 1775, Chevalier de l'Ordre du Roi.

mêler. Il faifit la délicateffe du goût de Revel, qu'il a même perfectionné. C'eft par-là qu'il eft parvenu, autant par fon application que par fes talens, jufqu'à imiter le paftel. Ses portraits en étoffes de foie, ne le cèdent pas à ceux qui font fortis de la Manufacture des Gobelins.

M. de la Salle a fait en outre différentes réformes aux métiers ordinaires, fur lefquels on fabrique les étoffes à fleurs, & les a perfectionné. Il a même inventé à cet effet un nouveau méchanifme, auffi utile qu'ingénieux. Ce méchanifme a pour objet trois points de fabrication, également importants, qu'il a rempli par trois formes de conftruction abfolument neuves. Sa premiere invention eft un moyen fimple & facile d'attacher un métier, & d'en détacher les parties d'un deffin, contenues dans un fample chargé de lacs. La feconde eft une machine propre au lifage, à laquelle on peut attacher les famples, pour lire les deffins & faire des lacs ; ce qui difpenfe de les appliquer au métier où l'on fabrique les étoffes, & d'en interrompre le travail. La troifieme eft un équipage deftiné à faciliter le tirage, au moyen duquel la tireufe peut exécuter tous fes mouvemens, avec aifance, étant affife.

M. le Comte de Falckenftein s'arrêta fort long-tems à examiner ce nouveau méchanifme, qu'il trouva très-bien imaginé. Il en témoigna de la fatisfaction à Madame de la Salle dans les termes les plus obligeants. Il vit avec le même plaifir le bon goût qui règne dans toutes les étoffes de fa Manufacture.

M. de la Salle a préfenté en 1775 fon nouveau métier à l'Académie des Sciences de Paris, qui, fur le rapport de plufieurs de fes Membres, accueillit fon invention avec les plus grands éloges pour fon auteur. Il y a peu d'Artiftes, fuivant ce rapport, qui peuvent se flatter d'avoir introduit dans un Art, des réformes aussi avantageuses, & dont l'application soit aussi facile à faire aux besoins actuels de cet Art; &, ce qui est si important, plus propres à économiser & le tems & les hommes. Ces réformes ne sauroient être trop tôt adoptées pour l'accroissement de notre industrie & de notre Commerce, & ne peuvent occuper une place trop distinguée dans le Recueil des Machines, approuvées par l'Académie, & même dans l'Art des Etoffes. Elles annoncent enfin une connoissance profonde de tous les procédés de l'Art de la fabrication des Etoffes, & sont faites pour produire une révolution dans la fabrication & le Commerce de ces Etoffes.

Le même jour sur les cinq heures du soir, M. le Comte de Falckenstein alla visiter avec le sieur Lallié, Ingénieur, qu'il avoit fait avertir, les travaux de la Ville neuve, projettés & exécutés par le sieur Perrache, qui a éloigné le confluent du Rhône & de la Saône, en joignant à la Ville une Isle qui porte le nom de cet Artiste. Il les examina en préfence du sieur Perrache, avec la plus grande attention & en connoisseur ; les moulins surtout d'une nouvelle invention, & les magasins qu'on se propose d'y établir, furent les principaux objets des remarque & observations de M. le Comte, qui parut satisfait de tout ce plan en général. M. Perrache lui fit part d'un projet d'Etablissement pour l'instruction de la Jeunesse. M. le Comte de Falckenstein le chargea de venir le lendemain chez lui en développer les principes : ce qui eut lieu en effet ; & cet Artiste a assuré que dans l'entretien qu'il a eu à ce sujet avec M. le Comte de Falckenstein, cet illustre Etranger entra avec lui dans les plus grands détails, & développa de grandes lumières, & les connoissances les plus profondes.

Après la visite des travaux du sieur Perrache, M. Lallié conduisit M. le Comte de Falckenstein à trois quarts de lieue au-dessus de la Ville, pour examiner une digue construite depuis quelques années, qui sert à garantir les broteaux de l'impétuosité du Rhône. Par le moyen de cette digue, le fleuve s'est trouvé forcé d'abandonner son lit, pour s'en ouvrir un nouveau. M. le Comte de Falckenstein parut satisfait de cet ouvrage, & saisit avec vivacité les difficultés qu'on avoit dû rencontrer dans son exécution. Un four à chaux, situé près de cette digue, & pour l'usage duquel on emploie du charbon de terre, fournit à notre illustre Etranger l'occasion de faire une dissertation physique & chymique, qui prouva qu'il ne borne pas ses connoissances à celles trop ordinaires aux hommes de son rang.

M. le Comte de Falckenstein voulut à son retour, faire avec l'Ingénieur qui l'avoit accompagné, une espèce de résumé de ce qu'il avoit vu. Toutes ses remarques furent judicieuses, & bien capables de confirmer la grande opinion, qu'on avoit conçue de la supériorité de ses lumières.

Le lendemain 11, sur les dix heures du matin, MM. Geramb conduisirent M. le Comte de Falckenstein dans un attelier de Chiné, où les frères Vanrisamburgh, Fabriquans dans ce genre, le reçurent, & lui expliquèrent tous les procédés de cette Manufacture. M. le Comte de Falckenstein fut d'autant plus satisfait de tout ce qu'on lui fit voir, qu'il avoua n'avoir aucune idée de ce travail. De-là ses mêmes guides le conduisirent dans plusieurs Fabriques, afin de lui faire voir différents genres d'étoffes & de velours, où l'on le vit chercher à s'inftruire, tant de la manipulation que de la confommation de ces diverfes étoffes. Il témoigna beaucoup d'étonnement de l'aifance avec laquelle les Négocians & Fabriquans de Lyon font des crédits à longs termes.

L'après-midi il alla vifiter l'Hôtel-Dieu. La propreté & l'ordre qui y regnent ne lui échappèrent pas. De l'un & de l'autre dépend la confervation des individus qui s'y réfugient. On a calculé le nombre des morts, qui n'excède pas, année commune, le quatorzieme de ceux qui y entrent, avantage qu'on ne retire pas dans les autres Hôpitaux du Royaume, & fur-tout dans celui de Paris. La beauté de l'Edifice, qui par fa grandeur offre un afyle à un plus grand nombre de malheureux, intéreffa autant l'humanité que le goût de M. le Comte de Falckenftein. Ce bâtiment a été réparé depuis quelques années. Sa grande façade, qui est sur le Quai, est de M. Soufflot.

Un autre Edifice de cette Ville, moins utile à la vérité, mais qui mérite de fixer la curiosité, c'est celui de l'Hôtel-de-Ville, un des plus beaux & des plus vastes de l'Europe. Simon Maupin, Voyer de la Ville, en donna tous les desseins en 1647. La façade, qui donne sur la place des Terreaux, a été refaite d'après les desseins de Jules-Hardouin Mansard. Le feu avoit consumé la premiere en 1674.

De l'Hôtel-Dieu, M. le Comte de Falckenstein se rendit à son Hôtel par les Broteaux, qui sont une promenade peu étendue dans la campagne, située sur les bords du Rhône au Levant, en face de la Ville. L'Ingénieur eut encore alors une autre conférence avec lui, dont l'objet principal fut la forme nouvellement établie à Toulon, pour la construction des vaisseaux. La facilité avec laquelle M. le Comte de

Falckenſtein s'expliqua ſur cette belle invention, prouva qu'il ne lui étoit échappé aucun des détails dont elle eſt ſuſceptible.

Il deſira de connoître quelque reſtes des Monumens anciens que Lyon renferme dans ſon ſein. M. Lallié eut encore l'honneur de l'accompagner dans cette viſite le 12 au matin.

Lyon eſt une Ville très ancienne. La plus ſûre opinion ſur ſa fondation eſt celle qui l'attribue à Lucius-Munacius Plancus, Conſul Romain, vers l'an de Rome 709. Elle ſervit de retraite à la Colonie Romaine, que les Habitans de Vienne en Dauphiné avoient chaſſée de leur Ville. Les Romains y conſtruiſirent, comme par-tout où ils s'établirent, différents beaux Edifices, dont on trouve encore quelques reſtes.

L'un des deux Monaſtères des Urſulines, ſitué ſur la Montagne de Saint-Juſt, renferme dans une enceinte un réſervoir antique, deſtiné à recevoir les eaux des aqueducs. C'eſt un quarré long de quarante - neuf pieds de longueur ſur quarante-cinq de largeur & treize de profondeur. Il eſt très-bien conſervé & digne de la curioſité des Connoiſſeurs. M. le Comte de Falckenſtein examina avec beaucoup d'attention la conſtruction de ce Monument, qu'il trouva admirable. Après quoi il fixa ſes regards ſur la partie de la Ville & de ſes environs, que l'on découvre de cet endroit. Le coup-d'œil parut le ſatisfaire.

Auprès de la Porte Saint - Irénée, ſont quelques débris d'aqueducs conſtruits par les Romains, aſſez bien conſervés. Dans les vignes du Couvent des Minimes, ſont auſſi des reſtes d'un ancien Monument, formant un demi-cercle, dont la deſtination eſt incertaine. MM. de Marca & de Ste-Marthe fixent néanmoins l'époque de la conſtruction de cet Edifice, ſous l'Empereur Claude. Au-deſſus du Monaſtère des Religieuſes de la Visitation de Sainte-Marie, & dans plusieurs endroits des environs, on trouve encore des restes du Palais des Empereurs, ainsi que d'autres grands Edifices, qui étoient élevés sur la montagne de *Fourvieres*.

Lyon est encore aujourd'hui une des principales Villes du Royaume, ainsi qu'elle l'étoit des Gaules, même avant que l'Evangile y fût annoncé. Sa célébrité ne consiste pas seulement dans son Commerce. Différents objets y concourent également. Son Académie des Sciences, Belles-Lettres & Arts, tend aussi à lui donner la supériorité dont elle jouit. La Ville posséde une très-belle Bibliothèque, qui est ouverte au Public plusieurs jours de la semaine. Elle dépend de son Collége, qui depuis quelques années est gouverné par les Prêtres de l'Oratoire. Il y a encore à Lyon un Cabinet public d'Histoire Naturelle. Ces deux Etablissemens contribuent autant à l'utilité des Citoyens qu'à la décoration d'une grande Ville, où l'une & l'autre ne doive jamais être négligées.

Après avoir satisfait pleinement sa curiosité sur les diverses particularités de la montagne de Saint-Just, M. le Comte de Falckenstein revint à pied à son Hôtel, suivi d'une multitude de Citoyens de tout état, qui s'empressoient à l'envi de jouir du spectacle de le voir. En rentrant il se mit à table, & après son dîner partit à trois heures après-midi, pour achever son voyage.

Il alla coucher ce même jour à Saint-Jean-le-Vieux, Bourg situé dans le Prugey, à dix lieues de Lyon. On prétend qu'à son arrivée dans ce lieu, ayant entendu sonner, & en ayant demandé la cause, on lui répondit que c'étoit à l'occasion des prières qu'on alloit faire pour obtenir du beau tems. Comme alors il parut disposé à se rendre à l'Eglise, le Curé lui fit préparer promptement un dais & un prie-dieu ; mais ils ne furent pas occupés. M. le Comte de Falckenstein préféra une place sans distinction.

Il alla loger, comme à son ordinaire, à l'Auberge. L'Aubergiste, qui ne s'attendoit pas à le recevoir, lui proposa de prendre un lit chez une veuve, nommée Madame *Jourdain*. Cette Dame ne sachant comment reconnoître l'honneur qu'on lui fesoit, & craignant aussi d'être en arrière de la politesse & du respect, ne cessoit de qualifier M. le Comte de Falckenstein, à qui elle se présenta, de *Monseigneur*, de *Prince*, d'*Altesse*, &c. Ces épithetes & tant de déférence fatiguèrent notre illustre Voyageur, qui remercia la Dame de ses offres, & coucha, sans nulle cérémonie, dans l'Auberge qui n'étoit certainement pas bonne, de l'aveu de l'Aubergiste.

Le lendemain Dimanche à quatre

heures du matin, il entendit la Meſſe, qu'il avoit demandée la veille au Vicaire, & ſe mit en route une demi-heure après, pour ſe rendre à Genève. Il s'arrêta à Cerdon, qui n'eſt qu'à une poſte de Saint-Jean le Vieux, pour changer de chevaux. M. Vallée, ſous-Ingénieur des Ponts & Chauſſées, allant à Verſoy, ſe trouva au relais. Son uniforme l'ayant fait diſtinguer des autres, M. le Comte de Falckenſtein l'aborda & lui parla avec autant de bonté que de familiarité. L'entretien roula, entr'autres choſes, ſur l'inſtitution du Corps des Ponts & Chauſſées, dont M. le Comte fit l'éloge, & ſur le Canal de Languedoc, que cet illuſtre Etranger avoit parcouru depuis peu de jours. Il témoigna de l'étonnement à M. Vallée, de n'y avoir rencontré aucun bateau, ce dont il ignoroit la cauſe, que M. Vallée ne put auſſi lui expliquer. Un quart-d'heure après il remonta en voiture, & continua ſa route juſqu'au

Pont de Bellegarde, qui eſt ſur la Valſerine, dont le lit eſt eſcarpé dans les rochers, de telle ſorte que le Pont a cent dix-ſept pieds de hauteur ſous clefs. M. le Comte de Falckenſtein examina avec attention cet ouvrage, & ſe rendit immédiatement après à la perte du Rhône, ſituée près de cet endroit.

Ici M. le Comte de Falckenſtein redoubla d'attention, & examina avec des yeux non-prévenus cette prétendue perte, vantée ſi miraculeuſe. Il obſerva très-judicieuſement, ainſi que toute perſonne attentive ſe le perſuadera de même, que cette perte n'étoit autre choſe que des rochers entaſſés les uns ſur les autres depuis leur chûte, d'après la berge de ce fleuve, occaſionnée depuis nombre d'années par le frottement des eaux, qui les ayant minés ſucceſſivement, au point que la maſſe ſuſpendue de ces rochers étant devenue plus pefante que leur tenacité, ils fe font écroulés dans le lit du Rhône, fur près de trente-cinq à quarante toifes de longueur, & que les eaux depuis cette époque filtrent entr'eux. C'eft-là en quoi confifte ce miracle fi furprenant, & de l'exiftence duquel trop de gens font perfuadés. Il arrive même dans le tems des grandes crues, que cette perte difparoît totalement fous les eaux. L'expérience l'avoit encore démontré, quatre ou cinq jours avant le paffage de M. le Comte de Falckenftein. Plufieurs perfonnes dignes de foi en ont été les témoins en différentes occafions.

De-là M. le Comte de Falckenftein continua fa route par la Montagne du *Credo*, qui fait partie du Mont *Jura*, paffa par Collonges & Saint-Genix. C'eft à ce dernier endroit où il changea de chevaux, qu'il fut fauffement averti qu'on l'attendoit à dîner chez

M. de Voltaire. Dans ce moment un Officier Génevois au service de France, moins sage encore, vint l'instruire que la Garnison de Genève l'attendoit sous les armes, pour honorer son entrée. Ces divers avis ne firent nullement plaisir à M. le Comte de Falckenstein, qui cependant arriva à Saint-Meyren, où la route se partage en deux voies, l'une qui va à Genève & l'autre à Versoy, en passant par *Ferney*. Cette dernière, que notre illustre Voyageur choisit, ne laissa plus douter à personne qu'il alloit droit chez M. de Voltaire, où en effet la Garnison, consistant en douze Invalides, l'attendoit sous les armes, distribuée, partie à l'entrée du Village, partie aux portes du Château & à celles de l'appartement où M. le Comte de Falckenstein devoit être reçu; mais tout le monde fut trompé dans ses conjectures, car il passa *Ferney* de toute la vîtesse de ses chevaux, pour se rendre à Versoy.

Ainsi le bel-esprit de notre siècle fut privé d'un moment de gloire, le plus brillant sans doute de sa vie, & M. le Comte de Falckenstein du plaisir de s'entretenir avec un Vieillard octogénaire encore agréable.

Le jeune Officier, dont j'ai parlé, accompagnoit toujours la voiture de M. le Comte de Falckenstein, à course de cheval. Il lui fut alors ordonné de ne pas la devancer, afin vraisemblablement de le mettre dans l'impossibilité d'annoncer l'arrivée de M. le Comte à Versoy, qui fut très-subite, le même jour à quatre heures du soir. Versoy, situé dans le Pays de Gex, au bord du Lac de Genève, à deux lieues de cette Ville, étoit anciennement un Marquisat qui fut cédé à la France avec le Pays de Gex. On a commencé depuis quelques années d'y bâtir une Ville, mais dont les travaux ont été bientôt suspendus. M. le Comte de Falckenstein en avoit déjà été instruit

par

par l'Ingénieur de la Généralité de Lyon, ainsi que je l'ai dit.

Dès l'instant de son arrivée à Versoy, il demanda M. Aubry, Ingénieur des Ponts & Chaussées, en l'appellant par son nom, dont il avoit laissé les Courriers en arrière. Cet Ingénieur & un sous-Ingénieur se rendirent alors auprès de M. le Comte de Falckenstein, avec les plans nécessaires à l'instruction du projet de cette nouvelle Ville. M. le Comte examina d'abord l'entrée, marquée par des ouvrages en terre, consistants en deblays & remblays, qu'on devoit appeller Porte de Flakinctin, ensuite le tracé de la Ville & le Port, sur lequel il fit diverses questions relatives à son usage: savoir, quelle étoit sa profondeur, la quantité d'eau que tiroient les bateaux, quel étoit le vent dominant. Il interrogea encore les Ingénieurs sur le vaisseau l'*Elisabeth*, de M. de Caire, qu'il prit pour une pinque. Ce Vaisseau doit être actuellement pourri, & n'est pas sorti du Port depuis la cessation des travaux. On croit d'ailleurs qu'il faudroit faire creuser le Lac pour pouvoir s'en servir.

Après avoir satisfait sa curiosité sur ces divers objets, M. le Comte de Falckenstein demanda à entrer dans une maison, pour voir les plans de la Ville. Il ne voulut, pour cet examen, d'autres témoins que les deux Ingénieurs & MM. de Coloredo & Belgiojoso. La Garnison de Versoy, composée aussi d'Invalides, voulut l'y suivre, M. le Comte de Falckenstein lui dit de se retirer, ajoutant à ces Soldats qu'ils avoient besoin de repos. Ceux-ci se sentant trop nécessaires pour se retirer, n'obéirent pas à ses ordres, qu'il fallut leur réitérer, même avec fermeté. Ils le suivirent cependant encore de loin, lorsque M. le Comte entra enfin dans la baraque d'un des Commis des travaux, où se trouva sa femme & une de ses amies, Dames fort élégantes. Elles ne s'attendoient pas à une si belle visite, & se félicitoient néanmoins d'en pouvoir jouir sans embarras. Mais quelle fut leur surprise, lorsque M. le Comte de Falckenstein, les prenant doucement l'une après l'autre par le bras, les enferma lui-même par précaution, & tout en causant, dans un cabinet pour n'être pas dans le cas d'être distrait dans l'examen qu'il avoit à faire? Ces belles Dames restèrent ainsi renfermées pendant toute la séance, qui dura trois quarts-d'heure. L'entretien roula beaucoup sur le Commerce qui pourroit avoir lieu à Versoy, & la liberté de conscience qu'on pourroit y accorder. M. le Comte de Falckenstein porta aussi son attention à demander les moyens qu'on pourroit employer à la construction d'un Canal, pour la communication du Rhône avec le Rhin. On combattit les différents obstacles, capables d'arrêter l'exécution de projet; & après qu'on eut applani les difficultés & les objections, que chacun de son côté fesoit naître, M. le Comte de Falckenstein demeura persuadé que la jonction des deux Fleuves étoit très-possible.

M. le Comte de Falckenstein sortit enfin de la baraque, non sans avoir donné la liberté à ces belles prisonnieres, dont j'ai parlé, auxquelles il dit mille choses agréables. La porte en étoit assiégée par une multitude de Peuple impatient de le voir. Le jeune Officier étoit du nombre. Il fit encore dans ce moment un acte d'étourderie, en présentant un Déserteur de l'Empereur, qu'il avoit recruté, à M. le Comte de Falckenstein, qui commença alors à en être fatigué. Les Ingénieurs des Ponts & Chaussées, avant de sortir, lui offrirent un plan général de la Ville de Versoy, qui lui avoit été destiné & dessiné avec soin. Il l'accepta avec plaisir, & parut content de ses dispositions. Ces Messieurs l'accompagnèrent ensuite jusqu'à sa voiture. Il trouva sur son passage Madame & Mademoiselle Masse, qui lui furent présentées. Il les accueillit de la manière la plus gracieuse. Chemin fesant il fit plusieurs questions aux Ingénieurs sur M. de Voltaire, que chacun put entendre, & après leur avoir donné les plus grandes marques de sa satisfaction & pris congé d'eux, il remonta en voiture, pour se rendre à Genève.

M. le Comte de Falckenstein ne voulut pas fixer sa résidence dans la Ville, & prit son logement à Seicheron, qui est une Auberge éloignée de Genève seulement de la portée du mousquet. Deux de ses voitures l'y avoient devancé. C'est pourquoi il trouva déjà à son arrivée une multitude de personnes qui l'attendoient. Il se déroba à cette foule de curieux, & ne voulut recevoir dans ce moment la visite de personne.

Le Résident de France & les Députés du Conseil de Genève vinrent lui offrir leurs hommages & leurs services, qu'il n'accepta pas, ainsi que les offres de l'Etat de Berne, qui lui furent faites par un de ses Officiers, de disposer des relais nécessaires pour traverser plus commodément leur Pays, où il n'y a pas encore de Postes établies (*), en l'assurant que le rigoureux *incognito* qu'il vouloit garder, ne seroit troublé en aucune manière. Il répondit à ce dernier, que voyageant en simple Particulier & comme Citoyen, il ne s'écarteroit point de l'u-

---

(*) M. le Comte de Falckenstein parcourut & visita la France avec des chevaux de poste. Le Baron d'Ogny, Intendant des Postes & relais, qui y sont établis, s'étoit présenté chez lui quelques jours avant son départ de la Capitale, pour en savoir le jour, prendre ses ordres & faire disposer à chaque relai le nombre de chevaux, dont il pourroit avoir besoin. Mais M. le Comte de Falckenstein lui avoit répondu, que voulant continuer de voyager *incognito*, il ne pouvoit déterminer le tems de son départ, afin sans doute de cacher par-

sage du Pays. Tant d'empressement &
d'éclat déplûrent à M. le Comte de
Falckenstein ; & certainement la Députation de Genève étoit déplacée, &
blessoit trop ouvertement l'*incognito*,
que cet illustre Etranger vouloit encore garder.

M. le Comte de Falckenstein se tint
renfermé ce soir-là dans son Auberge.
Il expédia dans cette nuit du 13 au 14
un Courrier au Roi de France. Le lendemain, entre six & sept heures du
matin, il reçut la visite de M. Wesloski, Russe retiré à Genève depuis

---

là sa marche. Néanmoins M. d'Ogny avoit
donné ordre à tous les Maîtres de Poste des
lieux, qui se sont trouvés sur le passage de M.
le Comte de Falckenstein, de lui tenir toujours
prêts des chevaux frais de vingt-quatre heures.
Notre illustre Etranger parut avoir été content
de leurs services, & a témoigné à M. d'Ogny,
d'une manière très-flatteuse pour ce Particulier,
combien il avoit été sensible à toutes ses attentions, en le gratifiant d'une médaille d'or,
frappée au coin de JOSEPH II, Empereur &
Roi des Romains.

plusieurs années. La carte pour l'annoncer, devoit être remise en mains propres de M. de Coloredo, & tomba par hasard dans celles de M. le Comte de Falckenstein. Elle portoit que M. Wesloski fut envoyé à la Cour de Vienne, par le Czar Pierre, en 1710, en qualité de Ministre Plénipotentiaire auprès de Charles VI. M. le Comte de Falckenstein témoignoit déjà beaucoup d'impatience de voir ce Vieillard; mais comme on le prévint qu'il marchoit lentement, il répondit: *je le crois*, alla au-devant de lui, & l'aida lui-même à monter l'escalier de l'Auberge. Il eut un entretien assez long avec lui & tête-à-tête. On a sçu seulement qu'il lui avoit demandé si sa mère Marie-Thérese étoit née, lorsqu'il étoit à Vienne, à quoi le Gentilhomme avoit répondu qu'on attendoit sa naissance, qui arriva en effet peu de tems après. On assure que M. le Comte de Falckenstein lui dit, en le reconduisant, qu'il auroit eu beaucoup de plaisir à s'entretenir plus long-tems avec lui, si le tems ne lui eût manqué.

Un instant après cette visite il se rendit à Genève. Il descendit dans cette Ville chez M. de Saussure, Professeur de Physique, pour visiter sa Bibliothèque & son Cabinet d'Histoire Naturelle. Ce dernier objet est très-digne de fixer la curiosité ; mais ce qui l'est encore plus, c'est le Savant à qui il appartient & qui en est le Démonstrateur. Un grand nombre de Dames parées élégamment, s'étoient rendues dans cette maison, quoiqu'il ne fût que huit heures du matin, pour faire leur cour à notre illustre Voyageur. Elles étoient toutes rassemblées dans un coin du Cabinet. M. le Comte de Falckenstein leur dit en les saluant : *Vous vous êtes levées aujourd'hui bien matin ?* Il visita ensuite tout le Cabinet avec son Possesseur, qui déploya devant M. le Comte de Falckenstein, & en connoisseur d'Histoire Naturelle, toutes les richesses de sa nombreuse Collection qu'il a faite lui-même, & dont il releva le prix par une explication aussi profonde que pleine d'esprit.

Après cet examen, M. de Saussure fit diverses expériences sur l'Electricité, en présence de M. le Comte de Falckenstein, qui parut aussi satisfait des lumières du Physicien, que des connoissances & du goût du Naturaliste, ainsi que des objets curieux de son Cabinet qu'il lui fit voir. On auroit peut-être desiré de trouver ici une description de ces derniers & un détail de ces nouvelles expériences. Ces analyses feroient sans doute précieuses aux Savans ; & des Lecteurs, qui cherchent à s'instruire, auroient été charmés d'en voir orner ce Livre. C'est contre leur gré & le mien que M. de Saussure a privé par modestie le Public, d'un détail qui ne pourroit tourner qu'à la gloire des Sciences, du Professeur & de son Pays. On assure que M. le Comte de Falckenstein, en voyant les expériences de M. de Saussure, témoigna à ce dernier le plaisir qu'il avoit pris, à celle de la commotion donnée par la Torpille, dont il avoit été témoin à la Rochelle.

M. de Saussure eut ensuite l'honneur d'accompagner M. le Comte de Falckenstein dans tous les endroits de Genève, qui pouvoient intéresser sa curiosité. Ils visitèrent ensemble l'Attelier de M. Liotard, Peintre très-estimé. De-là M. le Comte de Falckenstein se rendit au Port, où une barque l'attendoit. En mettant le pied sur cette barque, il fit un faux pas qui l'obligea de poser la main sur le Pont, pour prévenir sa chûte. Une foule prodigieuse qui l'y avoit accompagné, & une autre qui l'attendoit à cet endroit, ne contribuèrent pas peu à le distraire de son objet ; à quoi il faut ajouter que le jeune Officier, qui l'avoit suivi jusques dans la barque, continuoit à l'excéder, à un point que M. le Comte de Falckenstein se vit enfin forcé de charger deux Bateliers de l'en débarrasser.

Après s'être promené quelque tems dans le Port, & avoir satisfait sa curiosité sur cet objet, M. le Comte de Falckenstein se rendit à pied à différentes promenades de la Ville. On assure qu'il s'étoit proposé de visiter la Manufacture de Toiles peintes de M. Fazy, qui, dans cette matinée du 14, avoit reçu trois messages consécutifs pour le prévenir de se disposer à recevoir cet illustre Etranger. Mais il y a lieu de croire que la foule qui l'importunoit, le privât d'un avantage, qu'un Curieux & connoisseur, passant à Genève, se procure toujours.

Quoique cette Fabrique n'ait rien d'extraordinaire, elle est néanmoins remarquable, soit par sa riante situation, soit par la grande diversité d'ouvrages en toiles peintes, qu'on y travaille avec autant de goût que de propreté. On distingue la vivacité des couleurs dans les toiles. Cette Manufacture occupe journellement huit à neuf cents Ouvriers de tout âge & de tout sexe. Il est impossible en la voyant, de ne pas faire l'éloge de l'ingénieuse industrie de M. Fazy, qui a formé lui seul un Etablissement aussi important, dont le double avantage est de produire des choses utiles, & d'occuper tant de monde.

Mais ce qui, dans cette Manufacture, mérite l'attention des Connoisseurs, c'est une Machine précieuse, au moyen de laquelle on donne le dernier lustre aux pièces finies, Machine qui est composée de dix bras, garnis chacun d'une pierre d'Agathe, qu'une seule roue fait mouvoir par l'eau; & tandis que ces bras vont & viennent avec un mouvement égal fur la toile, un autre reffort dirigé par la même roue, fait gliffer les toiles à mefure qu'elles fe luftrent, afin que chaque pli ait fon tour, opération qui économife le nombre d'Ouvriers. C'eft par le moyen de ce méchanifme, de l'invention de M. Fazy, que dans cette Manufacture on finit environ cent-cinquante pièces de toiles par jour.

M. Fazy fe flatte encore de perfectionner cette Machine. Il en poffede plufieurs autres, non moins précieufes, à l'ufage de fa Manufacture, telles que des cylindres de gros rouleaux de laminoir & de bois des Indes, qui tournent l'un fur l'autre, au moyen de la même roue, pour la préparation des toiles, foit à l'impreffion, foit à donner le luftre. Mais ces dernieres font féparées, à caufe de leur importance, du corps de la Fabrique du fieur Fazy; & la plûpart des Etrangers, dont l'affluence eft grande dans cette

Manufacture, ne peuvent se procurer l'avantage de les voir.

M. Fazy se propose aussi d'agrandir & de perfectionner un Etablissement, qu'on doit lui savoir autant de gré d'avoir formé lui seul, comme je l'ai dit, que d'y avoir renfermé en très-peu de tems tout ce qui peut concourir à la beauté des ouvrages qu'on y fabrique.

M. le Comte de Falckenstein se rendit, après les différentes visites qu'il fit à Genêve, à un appartement qu'on lui avoit préparé, où il dîna. Il y resta jusqu'à l'entrée de la nuit, occupé à s'entretenir avec différentes personnes de la Ville, qu'il retourna coucher à l'Auberge de Seicheron, après avoir amplement dédommagé l'Hôte dont il avoit arrêté les appartemens pour lui & sa suite, qu'il n'occupa point, ayant jugé à propos de loger hors de la Ville. Il partit le lendemain matin 15 de Juillet de Seicheron. A son départ il demanda à son Hôte, pour lequel il avoit fait préparer un groupe de cent louis, combien il lui devoit; l'Hôte lui répondit quatre-vingt louis. M. le Comte de Falckenstein lui répliqua : *Vous êtes un peu chèr ; qu'on ôte vingt louis de ce rouleau,* ajouta-t-il, *son compte s'y trouvera.* C'étoit encore payer bien chèrement le séjour de vingt-quatre heures dans une Auberge.

M. le Comte de Falckenstein revenant sur ses pas, rentra en France & passa une seconde fois à Versoy, où il ne s'arrêta pas. Les deux Ingénieurs des Ponts & Chaussées, qu'il y avoit vus la premiere fois, se trouvèrent sur son passage. Il les reconnut & les salua avec la plus grande affabilité ; & prenant ensuite le chemin de la Suisse, il se trouva bientôt hors du Royaume.

C'est ainsi qu'il quitta la France, qu'il avoit desiré de connoître, & dont tous les Habitans, si l'on en excepte ceux de la Capitale, consultèrent trop leurs sentimens d'amour & de vénération envers un Souverain, que la gloire & les honneurs importunent, en lui rendant les plus grands hommages, au lieu de suivre son inclination. C'est de la manière dont il a visité & observé tout ce que la France renferme de curieux & d'intéressant, en rejettant tout appareil, & cherchant même à faire oublier à un Peuple admirateur des grands Hommes, sa dignité & sa propre grandeur, qu'il est parvenu à connoître parfaitement nos mœurs, nos talens & nos forces, &, en étudiant les hommes, à apprendre lui même à le gouverner, afin de rendre par-là, s'il est possible, ses Peuples encore plus heureux.

La France est la plus grande comme la plus ancienne Monarchie de l'Europe. C'est celle qui a été la plus féconde en grands Hommes, & dans laquelle les Arts & les Sciences ont fait le plus de progrès. Pour faire parfaitement son tableau, je vais extraire ici ce qu'en a dit récemment l'Auteur d'un Ouvrage (*) périodique.

« Cent cinquante millions d'arpens
» de terres en quarré ; au centre des be-
» foins des différents Peuples de l'Eu-
» rope ; un ciel doux, un fol fertile ;
» un Peuple docile & ingénieux ; des
» mains-d'œuvres à bas prix ; une po-
» pulation qui ne demande qu'à être
» vivifiée ; quel spectacle ! Avec ces
» matériaux de puissance Cromwel eût
» fait la loi à l'Univers.

» Du côté de la Guerre, on voit en
» France de nombreuses Armées, aguer-
» ries & bien disciplinées ; la subordi-
» nation & l'ordre font parmi elles des
» vertus naturelles. On y voit des Ar-
» senaux en grand nombre ; d'abondan-
» tes munitions de Guerre ; des Places
» fortes en bon état ; la Nation par elle-
» même est brave & courageuse, aime

(*) Analectes critiques, n°. L.

» la gloire, est prompte à se prêter aux » besoins de l'Etat, prévient souvent » les desirs de son Prince.

» Du côté de la Marine, la position » de la France semble lui donner l'Em-» pire des deux Mers qui la mouillent, » par la facilité qu'elle lui donne de » communiquer de l'une à l'autre par le » Canal de Languedoc, sans passer le » détroit, que les autres Nations sont » obligées de venir reconnoître, pour » faire le Commerce de ces deux Mers. » Sa navigation est libre dans toutes » les saisons de l'année ; la bonté de » ses Ports & la profondeur de ses » Havres lui donnent toute les facilités » possibles, pour la meilleure cons-» truction des Vaisseaux ; enfin elle a » dans son sein la source d'une grande » Marine, c'est-à-dire, un grand fonds » de denrées propres à occuper un » grand nombre de Vaisseaux ; & sa » population, quoique inférieure à ce

« qu'elle pourroit être, peut néan-
« moins, fans rompre l'équilibre des
« hommes néceffaires à chaque profef-
« fion, lui fournir un tiers de plus de
« Matelots, que n'en a la Puiffance
« qui tient aujourd'hui le premier rang
« parmi les Commerçantes ».

Pour achever ce tableau fi vrai, & que le Souverain de l'Empire eft venu contempler de près, je dirai que la Nature, qui a pris plaifir à répandre avec profufion dans le fein de la France toutes fes richeffes, ne l'a pas moins favorifée en la laiffant, pour ainfi dire, ifolée dans un Pays délicieux, afin de la défendre de l'ambition de fes voifins, & en l'entourant de puiffantes barrières; au Septentrion, la Manche ou Canal d'Angleterre; à l'Orient, les Alpes; au Midi, la Méditerranée & les Monts Pyrrenées; & enfin à l'Occident, l'Océan.

A de fi grands avantages attachés

au sol, au climat, à la situation & aux forces de la Nation, il faut ajouter celui qu'on retire du Commerce des François; ils reçoivent les Etrangers avec la plus grande affabilité, peut-être avec trop de franchise; ils sont polis, souvent trop agréables, mais excellents Guerriers. Le sexe en France est très-aimable, quoique léger. Ce dernier caractère est assez général chez tous les François; mais ils savent souvent corriger par de plus grandes & excellentes qualités.

Il me reste encore à rendre compte, autant qu'il me sera possible, de quelques particularités du Voyage de M. le Comte de Falckenstein, & de sa marche jusqu'à son retour dans ses Etats. Cet illustre Voyageur trouva à la sortie du Royaume les Suisses, qui s'étoient en effet mis en dépense, pour lui procurer trente ou quarante chevaux à chaque relai de deux lieues. Dès le printems de cette année, le

Gouvernement du Canton de Berne avoit fait visiter & réparer à son occasion les grands chemins. Il avoit donné ordre à tous les Aubergistes de traiter M. le Comte de Falckenstein & sa suite avec attention, & avoit même eu soin de fixer le prix des écots, afin que les Aubergistes, que l'Etat auroit cependant dédommagés dans certains cas, ne se prévalussent pas de la qualité du Voyageur. Mais M. le Comte de Falckenstein, quoique très-sensible à tant d'égards & à toutes ces offres, persista à ne les point accepter. Il avoit déjà pris des chevaux à Genêve d'un Voiturier, nommé Lacombe, six pour chaque voiture, qui le conduisirent jusqu'à Bâle.

Arrivé à Lausanne, M. le Comte de Falckenstein s'informa de M. Tissot. Comme on lui dit qu'il étoit à une fenêtre vis-à-vis de l'Auberge où il étoit logé, il le fit venir auprès de lui. Le long entretien qu'il eut avec ce célèbre

Médecin, a bien prouvé que ce n'eſt pas la perſonne la moins intéreſſante que M. le Comte de Falckenſtein ait vue dans ſes Voyages.

Le 16 Juillet il alla dîner à Payerme, & coucher le même jour à Morat, à l'Auberge de l'Aigle d'or. Morat eſt une Ville ſituée ſur le Lac de ce nom, & fameuſe par la Victoire importante que les Suiſſes y remportèrent ſur le Duc Charles le Hardi de Bourgogne, l'an 1476.

Il arriva le 17 à neuf heures du matin à Berne, Capitale de ce Canton, où il deſcendit à l'Auberge du Faucon, que le Sénat de cette Ville lui avoit fait préparer à ſes frais, & qui pour cette raiſon étoit demeuré vuide depuis long-tems, fatigué & couvert de pouſſière, dont ſa voiture ne pouvoit pas plus le garantir que du ſoleil & de la pluie. Le nombre de curieux qu'il trouva à ſon entrée dans cette Ville, ne diminua pas l'indiſpofition que l'indifcrétion des Génevois, & fur-tout celle du jeune Officier, avoient été bien capables de lui infpirer. Cette matinée fut occupée à diverfes affaires particulières. M. le Comte de Falckenftein ne reçut aucune vifite, & ne fit venir chez lui l'après-dîner que ceux qu'il defira de connoître. De ce nombre furent le Peintre Alberti & plufieurs autres Artiftes & Fabriquans, avec lefquels ils s'entretint fur leurs ouvrages. Les Etudiants réformés de Hongrie, dont il en eft toujours cinq à l'Académie de Berne, obtinrent auffi la permiffion de lui préfenter leurs hommages. Ils furent reçus avec bonté. On affure que M. le Comte de Falckenftein leur recommanda particulièrement l'étude de la Langue Allemande.

La chaleur du jour & l'affluence du monde, qui occupoit les avenues de l'Hôtel du Faucon, furent caufe que M. le Comte ne fortit qu'à fix heures

du

du soir. M. Zeerleder, Banquier, à qui M. le Comte de Falckenstein avoit été adressé, le conduisit dans tous les endroits de la Ville qu'il desira de connoître. Il visita l'Arsenal, où il fut reçu par deux Sénateurs, dont l'un d'eux en est le Chef, à la tête des Officiers qui y sont employés. Il le trouva beau, & n'en sortit qu'après plus d'une heure d'entretien avec eux.

De l'Arsenal M. le Comte de Falckenstein alla visiter le célèbre M. de Haller (*), avec lequel il s'entretint environ une heure. On assure qu'il s'est plaint à ce Savant, de ce qu'on n'avoit respecté son *incognito* qu'à Paris, & que par-tout ailleurs on avoit marqué & fait tant d'indiscrétions à cet égard, qu'il s'étoit toujours cru entouré de fâcheux. Ce fameux Ecrivain en Théorie médicale, sur-tout en

―――――――――――――

(*) Albert de Haller, Membre & Associé de différentes Académies de l'Europe.

fait de Physiologie, Anatomie & Botanique, s'est illustré d'abord par différents genres de Poésie, qui l'ont fait mettre à la tête des Poëtes Allemands, avant que Gellert en eût mérité la place. On les a traduites en prose françoise. Cette visite de M. le Comte de Falckenstein est un hommage encore supérieur à ceux que plusieurs hommes célèbres ont rendu aux talens & aux lumières de M. de Haller (*). On imprime actuellement les différentes lettres où ils sont consignés.

M. le Comte de Falckenstein partit de Berne, qu'il avoit trouvé une belle Ville, le 18 à cinq heures du matin. Avant de monter en voiture il alla visiter une promenade appellée la Plate-Forme, qui borde l'Eglise Cathédrale. Il prit ensuite congé de toutes les per-

---

(*) Ce savant Homme a privé l'Europe de ses lumières, par sa mort arrivée au commencement de Décembre de cette année. Il étoit âgé de 79 ans.

fonnes qui l'y avoient fuivies, en les faluant avec la plus grande affabilité. Il auroit defiré voir les Glacières; mais comme on lui dit qu'il falloit au moins deux jours pour s'y rendre, il répondit que c'étoit trop employer de tems à fe mettre feulement en état de fe fatisfaire fur un objet de pure curiofité, fans utilité réelle.

Il alla dîner ce même jour à une petite Ville au-delà de Solleure, appellée Wietlisbach, & coucher au Village de Langenbrugg, qui eft fur la Montagne du Havenftein, à l'entrée du Canton de Bâle. Il arriva dans cette dernière Ville, le 20 fur les dix heures du matin, & defcendit à l'Auberge des trois Rois, d'où il congédia d'une manière auffi gracieufe que généreufe le Conducteur de fes chevaux. On rapporte que M. le Comte de Falckenftein fut fi fatisfait, foit de la conduite de ce Voiturier que de la façon honnête avec laquelle il s'étoit comporté à fon égard, en ne se prévalant pas de sa qualité, qu'après qu'on lui eût compté vingt louis en sus du prix convenu, & quatre pour chaque Postillon, il le fit déjeûner avec lui & à sa table. Il y a lieu de révoquer en doute cette particularité de la table, qui cependant feroit encore l'éloge du cœur de M. le Comte de Falckenstein, & de croire que ce fut un fameux Graveur de Bâle (M. de Mechel), qui eut l'honneur de déjeûner avec lui, ainsi que quelques personnes l'ont assuré. Ce fait surprendroit moins à l'égard d'un Artiste & d'un homme à talens.

M. le Comte de Falckenstein s'occupa dans cette Ville à visiter la Fabrique de M. Sarrazin; il fut charmé de la belle vue du Rhin, que l'on découvre d'une salle de la Maison de ce Particulier. Il visita aussi la Bibliothèque de la Ville, la peinture à fresque de la danse des Morts & le Cabinet de gravures de M. de Mechel. Il ne voulut recevoir aucune visite, & partit le même jour, après son dîner, sur les deux heures, pour Fribourg en Brisgaw, d'où il prit la route de l'Allemagne & de ses Etats. C'est ainsi qu'il termina un Voyage, qui fera époque dans l'Histoire des Souverains & celle de France.

M. le Comte de Falckenstein arriva à Schoënbrunn le premier Août, quatre mois après son départ de Vienne. C'est dans cette derniere Ville que reprenant son Sceptre & sa Couronne, & réfléchissant profondément sur toutes les grandes choses qu'il a vues dans ses différents Voyages, il gouverne des Sujets impatients de le revoir, pleins d'amour & de respect pour son auguste Personne, qui n'éprouvèrent jamais d'autre peine avec lui, que celle de le perdre quelquefois; peine que sa bonté paternelle le met dans la cruelle nécessité de leur causer, pour leur plus grand bonheur. C'est dans la Capitale de l'Autriche qu'il faut le contempler, honorant les Arts, protégeant ceux qui les cultivent, marquant chaque jour par des actes d'humanité (*) & de bienfaisance, & illustrant ainsi son Empire. C'est en

---

(*) Voici un trait tout-à-la-fois d'humanité & de bienfaisance de l'Empereur, depuis le retour de son Voyage en France. Un incendie se manifesta le 12 du mois d'Août après-midi, dans la Ville de Bude en Hongrie. L'Empereur, qui étoit arrivé le même jour avec le Duc de Saxe-Teschen, au Camp de Pest, traversa le Danube, pour commander en personne les secours dont cette Ville avoit besoin. Ce fut par les sages dispositions de ce Souverain, que le ravage du feu se borna à quinze maisons.

Les papiers publics citent encore un trait récent de bienfaisance & de générosité de la part de ce Prince. Un Officier s'étant présenté devant lui, lui exposa qu'il se trouvoit hors d'état de procurer les secours nécessaires à sa femme & à sa fille malades: l'Empereur lui dit qu'il n'avoit que vingt-quatre souverains d'or, qu'il alloit lui donner. Mais l'un des Chambellans de ce Prince, lui ayant fait observer que vingt-quatre ducats seroient suffisants. *Les avez-vous*, repartit l'Empereur? —Oui, Sire, & il les tira de sa bourse. Alors S. M. I. y ajouta les vingt-quatre souverains d'or; & ayant remis le tout à l'Officier, il lui dit: *remerciez M. le Chambellan, qui veut bien contribuer à votre*

cherchant à s'instruire de tout ce qui constitue un bon Gouvernement, qu'il parviendra, non pas à humaniser ses Sujets, à l'exemple du Czar Pierre, mais, en devenant aussi grand que lui, à en faire une Nation des plus polies

─────────────

bien-être. Belle leçon pour les flatteurs & les courtisans, qui interdisent autant qu'ils peuvent au pauvre l'accès du Trône, étouffent ses cris, & empêchent le Monarque d'alléger le poids de sa misère!

Cet exemple m'en rappelle un aussi important & instructif, donné par un Prince cher à la France (Louis-François de Bourbon, Prince de Conti, mort à Paris le 2 Août 1776, âgé de 59 ans). Un autre Officier se plaignoit d'avoir perdu sa bourse, au Camp que commandoit le Prince de Conti, pendant les dernières Guerres d'Italie; un Soldat qui l'avoit trouvée, vint la lui rendre. Cet Officier, pour se dispenser d'être généreux, ou pour mieux dire reconnoissant, dit au Soldat qu'il lui manquoit trois louis des trente renfermés dans sa bourse, (ce qui n'étoit pas vraisemblable d'après l'action du Soldat). Quoiqu'il en soit, M. le Prince de Conti fut instruit du fait. Il manda l'Officier, & lui dit, pour le punir, que cette bourse dans laquelle il n'y avoit que vingt-sept louis, ne pouvoit pas être la sienne, où il y en avoit trente, & la remit à l'instant au Soldat.

& des plus célèbres du Monde. Tel doit être le fruit que les Souverains & les Princes de leur Sang (*) doivent recueillir de leurs Voyages, & des leçons qu'ils viennent prendre chez les différentes Nations, & même dans leur propre Pays, de les faire tourner autant à l'avantage des Peuples, qu'ils réjouissent de leurs présences, & qui sont destinés à vivre sous leurs Loix, qu'à leur propre utilité.

———————

(*) Il est à remarquer que dans la même année 1777, deux Têtes couronnées & quatre Princes du Sang Royal ont voyagé : d'un côté JOSEPH II, Empereur & Roi des Romains, & le DUC D'OSTROGOTHIE en France. MONSIEUR & M. le Comte d'ARTOIS, Frères de LOUIS XVI, dans leur propre Pays ; d'un autre côté, M. le Duc de Chartres, Prince du Sang, en Hollande ; & GUSTAVE III, Roi de Suede, en Russie.

Fin du Tome second.

TABLE ALPHABÉTIQUE

Des Noms de Villes, Bourgs, &c. Savans, Auteurs, Artistes, dont il est parlé dans le second Volume, & des principales matières.

ACADÉMIE de la Rochelle, pag.	119, 127
— de Marseille,	308
— de Toulouse,	171
— Royale de la Marine à Brest,	70
Aix,	254
Amphithéâtre de Nîmes,	216
Ancénio,	104
Andail (Fort d'),	158
Angers,	104
Aqueduc d'Orbiel,	197
Arc de Triomphe d'Orange,	325
Aren,	256
Arsenal de Toulon,	265
Avignon,	320
BAc de Noyer,	318
Bayonne, 145. Bâle,	387
Belle-Isle,	65
Berne,	383
Béziers,	203
Bordeaux,	137
Blaye,	135
Brest,	66
CAen,	44
Canal de Languedoc,	173
— de Narbonne,	201

Carcassonne,	183
Castelnaudary,	176
Cessart (de), Ingénieur,	16
Cette,	207
Chambre du Commerce de Marseille,	289
Chatelleraulr,	114
Cirque d'Orange,	323
Compagnie des Indes,	83
DINARD	53
Dol,	45
EXPÉRIENCE de la Torpille,	123
FAZY, 371. Ferney,	359
Fontarabie,	158
GENEVE,	369
Grogniard, Ing. Const. 167, 176,	279
Guincamp,	58
Guys, Négociant,	283, 298
HALLER (Albert de),	385
Havre (le),	22
Holker,	8
Honfleur,	38
Hôtel-Dieu de Lyon,	349
——de-Ville,	ibid. 350
Hyeres,	269
IFFINIAC,	55
JÉLIOTE,	4
LALLIÉ, Ing. 338, 345, 350,	358
Lamalgue (Fort),	272
Lamballe,	54
Lambesc,	254
La Rochelle,	114
La Salle (de),	340
Lausane,	382

Lazareth de Marseille,	295
Lorient,	83
Lyon,	335
MAGNENVILLE,	4
Maison carrée,	232
Manufactures de Marseille,	302
Marseille,	283
MONSIEUR, 135, 156, 209, 255, 276, 278,	
281, 285, 294, 307,	311
Montpellier,	210
Morat, 383. Morlaix,	66
NANTES,	96
Narbonne,	199
Nimes,	214
OLAND (le Comte d'),	335
Orange,	322
Orgon,	254
PASSAGE de la Roche Bernard,	96
——— de la Grève,	41
Perpignan,	204
Pin (le),	256
Place du Peyrou,	211
——— Royale à Bordeaux,	139
Pomegues, (Isle de)	297
Pont de Bellegarde,	357
———Gonedic,	57
——— la Drome,	354
——— Saint-Esprit,	333
Prud'hommes, (les)	291
QUIMPER,	81
Quimperlay,	83
RÉGIMENT des Carabiniers,	107
Rennes,	87
Richelieu, (Ville de)	110
Rochefort,	129
Roque, Fabriquant,	186

Rosny,	
Rouen,	3
SAUMUR,	410
Sauffure, (de) Professeur,	362
Schoenbrunn,	387
Seguier, de l'Académie de Nîmes,	215, 236, 232, 255
Seignette, de l'Académie de la Rochelle,	119, 123, 125
Sieure,	312
Sorese,	177
Saint-Brieux,	56
Saint-Ferreol,	179
Saint-Genix,	358
Saint-Jean-de-Luz,	153
Saint-Jeanle-Vieux,	354
Saint Malo,	47
Saint-Maixent,	114
Saint-Mayren,	359
Saint-Sébastien,	160
TEMPLE de Diane,	244
Tissot, Médecin,	383
Tombeau de Philippe le Hardi,	199
Toulon,	259
Toulouse,	167
Tourmagne, (la)	251
Tours,	112
VALIN, sous-Ingénieur,	356
Veret,	111
Versoy,	360
Wesloski,	317
Vienne, en Dauphiné,	334
Villepinte,	181
Villiers,	44
Voltaire,	360

Fin de la Table du second Volume.

www.ingramcontent.com/pod-product-compliance
Lightning Source LLC
Chambersburg PA
CBHW050424170426
43201CB00008B/534